中国社会科学院国情调研特大项目"精准扶贫精准脱贫百村调研"

精准扶贫精准脱贫百村调研丛书

CASE STUDIES OF TARGETED POVERTY REDUCTION AND
ALLEVIATION IN 100 VILLAGES

李培林／主编

精准扶贫精准脱贫
百村调研·松树村卷

喀斯特高原丘陵区精准脱贫之路

于法稳　王　宾　聂　弯／著

社会科学文献出版社

SOCIAL SCIENCES ACADEMIC PRESS (CHINA)

中国社会科学院国情调研特大项目
"精准扶贫精准脱贫百村调研"
项目协调办公室

主　任：王子豪
成　员：檀学文　刁鹏飞　闫　珺　田　甜　曲海燕

总　序

　　调查研究是党的优良传统和作风。在党中央领导下，中国社会科学院一贯秉持理论联系实际的学风，并具有开展国情调研的深厚传统。1988 年，中国社会科学院与全国社会科学界一起开展了百县市经济社会调查，并被列为"七五"和"八五"国家哲学社会科学重点课题，出版了《中国国情丛书——百县市经济社会调查》。1998 年，国情调研视野从中观走向微观，由国家社科基金批准百村经济社会调查"九五"重点项目，出版了《中国国情丛书——百村经济社会调查》。2006 年，中国社会科学院全面启动国情调研工作，先后组织实施了 1000 余项国情调研项目，与地方合作设立院级国情调研基地 12 个、所级国情调研基地 59 个。国情调研很好地践行了理论联系实际、实践是检验真理的唯一标准的马克思主义认识论和学风，为发挥中国社会科学院思想库和智囊团作用做出了重要贡献。

　　党的十八大以来，在全面建成小康社会目标指引下，中央提出了到 2020 年实现我国现行标准下农村贫困人口脱贫、贫困县全部"摘帽"、解决区域性整体贫困的脱贫攻坚目标。中国的减贫成就举世瞩目，如此宏大的脱贫目标世所罕见。到 2020 年实现全面精准脱贫是党的十九大提出的三大攻坚战之一，是重大的社会目标和政治任务，中国的贫困地区在此期间也将发生翻天覆地的变化，而变化的过程注定不会一帆风顺或云淡风轻。记录这个伟大的过程，总结解决这个世界性难题的经验，为完成这个攻坚战献计献策，是社会科学工作者应有的责任担当。

2016 年，中国社会科学院根据中央做出的"打赢脱贫攻坚战"战略部署，决定设立"精准扶贫精准脱贫百村调研"国情调研特大项目，集中优势人力、物力，以精准扶贫为主题，集中两年时间，开展贫困村百村调研。"精准扶贫精准脱贫百村调研"是中国社会科学院国情调研重大工程，有统一的样本村选择标准和广泛的地域分布，有明确的调研目标和统一的调研进度安排。调研的 104 个样本村，西部、中部和东部地区的比例分别为 57%、27% 和 16%，对民族地区、边境地区、片区、深度贫困地区都有专门的考虑，有望对全国贫困村有基本的代表性，对当前中国农村贫困状况和减贫、发展状况有一个横断面式的全景展示。

在以习近平同志为核心的党中央坚强领导下，党的十八大以来的中国特色社会主义实践引导中国进入中国特色社会主义新时代，我国经济社会格局正在发生深刻变化，脱贫攻坚行动顺利推进，每年实现贫困人口脱贫 1000 多万人，贫困人口从 2012 年的 9899 万人减少到 2017 年的 3046 万人，在较短时间内实现了贫困村面貌的巨大改观。中国社会科学院组建了一百支调研团队，动员了不少于500名科研人员的调研队伍，付出了不少于3000个工作日，用脚步、笔尖和镜头记录了百余个贫困村在近年来发生的巨大变化。

根据规划，每个贫困村子课题组不仅要为总课题组提供数据，还要撰写和出版村庄调研报告，这就是呈现在读者面前的"精准扶贫精准脱贫百村调研丛书"。为了达到了解国情的基本目的，总课题组拟定了调研提纲和问卷，要求各村调研都要执行基本的"规定动作"和因村而异的"自选动作"，了解和写出每个村的特色，写出脱贫路上的风采以及荆棘！对每部报告我们都组织了专家评审，由作者根据修改意见进行修改，直到达到出版要求。我们希望，这套丛书的出版能为脱贫攻坚大业写下浓重的一笔。

中共十九大的胜利召开，确立习近平新时代中国特色社会主义思想作为各项工作的指导思想，宣告中国特色社会主义进入新时代，中央做出了社会主要矛盾转化的重大判断。从现在起到2020年，既是全面建成小康社会的决胜期，也是迈向第二个百年奋斗目标的历史交会期。在此期间，国家强调坚决打好防范化解重大风险、精准脱贫、污染防治三大攻坚战。2018年春节前夕，习近平总书记到深度贫困的四川凉山地区考察，就打好精准脱贫攻坚战提出八条要求，并通过脱贫攻坚三年行动计划加以推进。与此同时，为应对我国乡村发展不平衡不充分尤其突出的问题，国家适时启动了乡村振兴战略，要求到2020年乡村振兴取得重要进展，做好实施乡村振兴战略与打好精准脱贫攻坚战的有机衔接。通过调研，我们也发现，很多地方已经在实际工作中将脱贫攻坚与美丽乡村建设、城乡发展一体化结合在一起开展。可以预见，贫困地区的脱贫攻坚将不再只局限于贫困户脱贫，我们有充分的信心从贫困村发展看到乡村振兴的曙光和未来。

是为序！

李培林

全国人民代表大会社会建设委员会副主任委员

中国社会科学院副院长、学部委员

2018 年 10 月

前　言

　　重庆市武隆区地处喀斯特高原丘陵地带，是渝东南生态保护发展区，是国家扶贫开发工作重点县。松树村位于武隆区土坎镇西部，东与仙女山相邻，拥有典型的山区地貌，村域面积为 8.67 平方公里，海拔在 600~1000 米，是国家级贫困村。

　　对松树村精准扶贫精准脱贫工作的调研在两个层面上展开。在村级层面上，主要围绕村庄基本状况、贫困状况及其演变、贫困的成因、减贫历程和成效、脱贫与发展思路和建议等 6 项内容；在农户层面上，主要围绕家庭成员、住房条件、生活状况、健康与医疗、安全与保障、劳动与就业、政治参与、社会联系、时间利用、子女教育、扶贫脱贫等 11 项内容。在对调研资料进行分析的基础上，形成了本研究报告——全面分析了松树村实施精准扶贫精准脱贫情况，并分析了精准扶贫精准脱贫工作中存在的相关问题。

　　调研结果表明：在贫困户的选择方面，81.67% 的农户认为，贫困户选择是合理的，其余 13.33% 的农户认为是比较合理的，认为不太合理或者很不合理的有 3 户，占调查样本的 5.00%；在政府为本村安排的各种扶贫项目方面，83.33% 的农户认为是合理的，16.67% 的农户认为是比较合理的；在扶贫效果方面，76.67% 的农户认为扶贫效果很好，16.67% 的农户认为扶贫效果比较好，5% 的农户认为扶贫效果一般，只有 1.66% 的农户认为扶贫效果不理想。

在松树村实施精准扶贫精准脱贫过程中，也存在着一些问题，突出表现在产业发展缺乏规划、道路建设不完善、集体经济薄弱、贫困人口顾虑较多。为此，应采取探索产业发展新业态，助推产业发展；进一步完善村内道路建设，提升道路安全水平；强化生态环境建设，实现绿色青山；做强做大农村集体经济，夯实党在基层的领导地位；加强贫困人口能力建设，提升自我发展水平等有效措施，巩固松树村精准扶贫精准脱贫的成效。

目　录

第一章

松树村基本概况

第一节　自然地理概况

一　地理位置及地貌特征

　　松树村由原松树村和柏林村高坎村民小组于 2004 年合并形成，位于重庆市武隆区[①]土坎镇西部，东与仙女山相邻，南至新坪村，西连清水村柏林农业社，北与清水村接壤。松树村拥有典型的山区地貌特征，国土面积达 8.67 平方公里，海拔在 600~1000 米。冬春寒冷，多霜

[①]　由于 2016 年 11 月 24 日，国务院正式签发《国务院关于同意重庆市调整部分行政区划的批复》（国函〔2016〕185 号），同意撤销武隆县，设立武隆区。2017 年 1 月 13 日，武隆区人民政府正式成立。因此，本书中所涉及的武隆县、武隆区均以上述时间节点为准表述。

雪，夏秋凉爽，少雨。松树村村民活动中心靠近车站码头，距镇政府所在地 11 公里，距武隆城区 16 公里。辖龙洞湾、新房子、松树坝、蚂蝗田、七星、大土、高坎 7 个村民小组。

二 自然资源概况

（一）水资源

松树村平均年降水量为 1050 毫米，主要灌溉水源为地表水，正常年景下水源有保障。村内有生产用集雨窖 7 个、水池 11 个、水渠 9.5 千米、水管 35 千米，已全部解决全村 358 户 1346 人的用水问题。

（二）土地资源

松树村以林地和耕地为主，其中，林地面积 6080 亩，占村域面积的 46.75%；耕地面积 2736.9 亩，占村域面积的 21.04%。全村有退耕还林面积 1952.5 亩，占村域面积的 15.01%；有森林面积 4127.5 亩，占村域面积的 31.74%；有牧草地面积 780 亩，占村域面积的 6%。

（三）野生动植物资源

1. 野生植物资源

（1）乔木类。松树村乔木类植物主要有马尾松、柏树、杉树、柏杨、香檀、楠木、三角枫、五角枫、八角枫、漆树、洋槐、刺槐、青枫、红椿、臭椿、皂荚、大叶桉、杨柳、泡桐、杜仲、苦楝、板栗、核桃、油桐、楝子等数十个品种。

（2）灌木类。松树村灌木类植物主要有马桑、黄荆、黄杨、石榴、映山红等。

（3）竹类。松树村竹类植物主要有斑竹、金竹、冬竹、慈竹、水竹、茨竹、平竹、苦竹等。

（4）草类。松树村草类植物主要有茅草、丝茅草、马尔杆、莎草、野豌豆、狗尾草、艾蒿、厥等。

2. 野生动物

松树村哺乳类动物有野猪、山羊、狐狸、刺猬、獾猪、黄鼠狼等。爬行类动物有乌梢蛇、菜花蛇、蜥蜴等。两栖类动物有青蛙、赖蛤蟆等。鸟类动物有野鸡、乌鸦、喜鹊、斑鸠、麻雀等。

（四）矿产资源

松树村有石英石矿产资源，主要分布在松树村大土农业社。

（五）旅游资源

松树村的新大桥为古建筑旅游资源。新大桥原名龙门桥，清同治十一年（1872年）修建。该桥呈东西走向，结构为单孔拱桥，桥长20米，宽6米，跨度30

米，拱高 15 米，桥两头各有石阶，桥下拱顶中央悬挂生铁宝剑一把，"文革"期间破"四旧"被摘毁。桥现存。

第二节　社会经济概况

一　人口与劳动力概况

（一）人口总体概况

1. 人口规模及其变化

截至 2016 年底，松树村共有 358 户 1346 人。从民族构成来看，均为汉族村民。从就业情况来看，劳动力人数为 883 人，占全村总人口数的 65.60%。从弱势人口构成来看，贫困户 42 户 182 人，占全村总人口数的 13.52%；低保户 26 户 72 人，占全村总人口数的 5.35%；五保和三无人员共 14 人，占全村总人口数的 1.04%；残疾人口 50 人，占全村总人口数的 3.71%；妇女人口 624 人，占全村总人口数的 46.36%；文盲、半文盲人口数约为 75 人，占全村总人口数的 5.57%。

图 1-1 显示了 2013~2016 年，松树村总人口占土坎镇总人口的比例变化情况。从图中可以看出，2013 年至 2014 年，

松树村总人口占土坎镇总人口的比例下降,2014年至2016年,松树村总人口占土坎镇总人口的比例逐年上升。

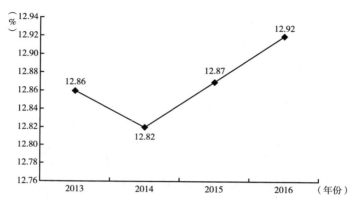

图1-1 2013~2016年松树村总人口占土坎镇总人口的比例
资料来源:土坎镇综合农业统计年报(2013~2016年)。

2014年以来,松树村农业人口呈缓慢增加的态势。2014年,松树村的农业人口为408人,2016年增加到412人(见图1-2)。从农业人口占全村人口的比重来

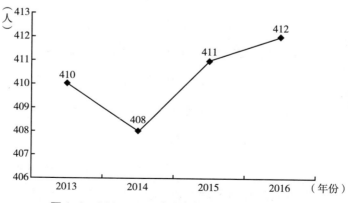

图1-2 2013~2016年松树村农业人口变化情况
资料来源:土坎镇综合农业统计年报(2013~2016年)。

看，2014~2016 年松树村农业人口占比分别达到 30.84%、30.90% 和 30.61%。

2. 人口结构及变化

2016 年，松树村人口总数为 1345 人，其中，男性人口数为 721 人，女性人口数为 624 人。从历史的角度看，松树村人口总数从 2014 年以来呈逐年增加的趋势，而且男性人口与女性人口均呈增加的趋势。松树村统计年报数据显示，2014 年松树村的乡村人口总数为 1323 人，2015 年为 1330 人，2016 年为 1345 人，逐年增加；2014 年松树村男性人口数为 707 人，此后逐年增加，到 2016 年增加到 721 人；女性人口数由 2014 年的 616 人逐年增加到 2016 年的 624 人。松树村人口结构的平稳变化意味着松树村村民的生产和生活状况总体而言比较稳定。

（二）劳动力概况

2016 年，松树村外出半年以上劳动力数 500 人，占全村总人口数的 37.14%，外出半年以内劳动力数 214 人，占全村总人口数的 15.90%。外出到市外的劳动力数约为 130 人，占全村外出务工劳动力总数的 18.20%，外出到市内区外的劳动力约为 200 人，占全村外出务工劳动力总数的 28.01%。外出务工人员主要从事建筑业和其他类型的第二产业。2016 年，松树村外出务工人员中途返乡人数约为 450 人，占全村外出务工劳动力总数的 63.02%，定期回家务农的外出劳动力数超过 200 人，占全村外出务工劳动力总数的 28.01%。全村超过 55% 的人口在外务工反映了松树村村民脱贫致富的强烈渴望，同时反映了外出务工是农民比较认可的一种脱贫致富途径。

表1-1为松树村2013~2016年各部门从业人员情况。从表中可以看出，2013~2016年，松树村劳动力资源得到较充分的利用。从行业分布来看，从2013年主要分布在农业和建筑业转变为主要分布在农业、工业和建筑业，并且向交通运输仓储业和邮政业、批发与零售业、住宿和餐饮业以及其他行业拓展，2014年拓展到信息传输计算机服务和软件业，2015年和2016年在信息传输计算机服务和软件业就业的松树村村民上升到2人。松树村劳动力就业部门从农业向制造业和服务业的转变反映了松树村村民对良好生产条件的要求和对体面工作的向往。

表1-1　松树村2013~2016年各部门从业人员情况

单位：人

各部门从业人员	2013年	2014年	2015年	2016年
乡村劳动力资源数	875	871	877	883
乡村从业人员总数	782	780	785	791
农业	410	408	411	412
工业	132	133	130	131
建筑业	167	165	167	170
交通运输仓储业和邮政业	11	10	8	9
信息传输计算机服务和软件业		1	2	2
批发与零售业	8	9	10	11
住宿和餐饮业	35	37	37	38
其他行业	19	17	20	18

资料来源：土坎镇综合农业统计年报（2013~2016年）。

图1-3为2013~2016年松树村乡村从业人员占乡村劳动力资源的比例情况。从图中可以看出，2013年至2016

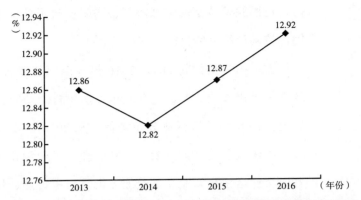

图1-3 2013~2016年松树村乡村从业人员占乡村劳动力资源比例情况

资料来源：土坎镇综合农业统计年报（2013~2016年）。

年，松树村乡村从业人员占乡村劳动力资源的比例均在 12%以上，虽然历年有微小的差异，但是变化幅度非常小，可以认为松树村劳动力资源的就业率基本保持不变。稳定的就业保障了收入的稳定，对于松树村村民的脱贫致富至关重要，需要保持。

松树村劳动力资源数、乡村从业人员总数从2013年至2016年基本未发生大幅度的变化。男性劳动力资源数与女性劳动力资源数的比值在2013年至2015年逐年增大，2015年至2016年有所减小，但是减小幅度不大。2013年，该比例为1.125，2015年达到最大值，为1.145，2016年降为1.144。这反映了松树村全村劳动力供给结构的稳定性（见图1-4）。

（三）就业概况

松树村有劳动能力的村民主要在农业、建筑业、工业、住宿和餐饮业、批发与零售业、交通运输仓储业和邮

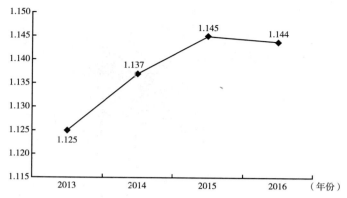

图1-4 2013~2016年男性从业人员数与女性从业人员数比值

资料来源：土坎镇综合农业统计年报（2013~2016年）。

政业等部门就业。2016年，松树村在农业部门就业的有
劳动能力的村民占乡村从业人员的比例为52.09%；在建
筑业就业的有劳动能力的村民占乡村从业人员的比例为
21.49%；在工业部门就业的有劳动能力的村民占乡村从业
人员的比例为16.56%。松树村在住宿和餐饮业、批发与零
售业、交通运输仓储业和邮政业部门就业的乡村劳动力数
历年有所增加，但相比于在农业、建筑和工业部门就业
的乡村劳动力而言数量非常少，说明精准扶贫精准脱贫在
促进松树村劳动力向住宿和餐饮业、批发与零售业、交通
运输仓储业和邮政业等第三产业转移上可以大有作为（见
图1-5）。

（四）受教育人口概况

1．总体概况

2016年，松树村各阶段受教育学生入学率均达100%。
"两后生"接受职业教育的8名，考上高等学校的12名

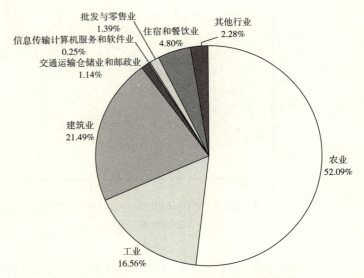

图1-5　2016年松树村各行业从业人员比重

资料来源：土坎镇综合农业统计年报（2016年）。

子女顺利完成学业。小学生和初中生在乡镇小学、乡镇初中上学的人远远多于在县市小学以及外地小学、中学上学的。

2. 学前班受教育人口概况

2016~2017学年度，松树村学前班在学人数为25人。

3. 小学阶段受教育人口概况

2016~2017学年度，松树村有适龄儿童87人，其中女生35人，占全村适龄儿童总数的40.23%。由于村内没有小学，全村87名儿童均在村外小学上学。其中，53人在乡镇小学上学，占全村适龄儿童总数的60.92%；24人在区市小学上学，占全村适龄儿童总数的27.59%；10人在市（指重庆市）外小学上学，占全村适龄儿童总数的11.49%（见图1-6）。

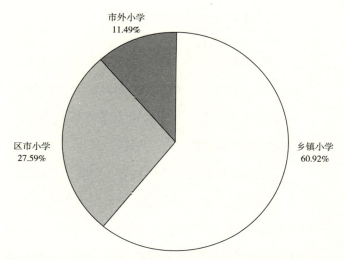

图1-6 2016~2017学年度松树村小学阶段受教育学生情况

资料来源：土坎镇综合农业统计年报（2016年）。

4. 初中阶段受教育人口概况

2016~2017学年度，松树村在乡镇中学上学人数47人，其中女生22人，占全村在乡镇中学上学总人数的46.8%；住校生人数40人，占全村在乡镇中学上学总人数的85.1%。在县城中学上学人数9人，其中女生3人。在市外中学上学人数4人，其中女生1人。

二 社会治理概况

（一）社会治安

2016年，松树村没有过村民上访事件。松树村村干部心系当地村民，村民也信任当地村干部。当地村民淳朴憨厚，邻里和睦，整个松树村社会治安状况相对稳定。

（二）村庄治理组织

组织成员方面，2016 年松树村共有党员 39 名。从年龄上看，有 30 人年龄在 50 岁以上，老龄化趋势特别明显；从文化程度上看，高中及以上文化程度的党员仅有 9 人，文化素质明显偏低。

组织建设方面，松树村有 1 个党支部委员会，该党支部委员会有 3 人，村民委员会委员有 5 人；全村村民代表人数有 32 人；有村民监督委员会，成员人数为 3 人，并且均为村民代表；有民主理财小组，成员人数为 14 人，其中，属于村"两委"人数 2 人，属于村民代表人数 12 人。

当前村"两委"建设方面，松树村村"两委"成员以男性为主，年龄集中在 40~50 岁，文化程度均在初中以上，交叉任职"两委"人数与未交叉任职"两委"人数相当。村"两委"的工资透明度较高，任职时间均为 2016 年 10 月，任职前的身份与村"两委"身份关联度较强。

村委会选举方面，松树村最近两届村委会选举公开公正。2016 年，松树村村委会选举有选举权人数 799 人，实际参选人数 640 人。在选举现场，设有秘密划票间，并且以现场唱票的方式公布选举结果。村主任候选人以 384 票当选。

（三）制度建设

松树村建立了一系列管理制度和村规民约，包括村容村貌制度、农村"三资"管理监督制度和收益分配制度、公示制度、扶贫项目义务监督员监督制度以及民主决策、民主管理、民主监督制度和村规民约。完善的制度建设保障了松树村精准扶贫精准脱贫工作的落实。

（四）残疾人联合会

松树村残协有主席、副主席、专职委员各 1 人。

三　公共设施与服务概况

（一）总体概况

松树村便民服务中心面积 180 平方米，其中，便民服务大厅 30 平方米，村卫生室 30 平方米，文化活动室 70 平方米，农家书屋 15 平方米，便民超市 25 平方米。

图 1-7　松树村便民超市货架货物
（聂弯拍摄，2017 年 1 月）
说明：本书照片（除特殊标注）均为聂弯拍摄，2017 年 1 月。

图1-8　松树村卫生室

图1-9　松树村便民服务大厅

（二）基础设施

1. 道路概况

2016年，松树村建成村级道路16.4公里，其中，硬化道路 12.4 公里、泥结石路 4 公里。目前，松树村通村道路主要类型是硬化路，路面宽 8.5 米，长 11 公里，县级公路巷双路 3 公里穿村而过，村内通组道路长 16.4 公里。村内主要道路有路灯。

图 1-10　松树村巷双路
（松树村提供）

2. 饮水、电力、垃圾处理等设施

2016 年，松树村 358 户农户均用上了自来水，自来水入户率达到 100%，村内污水处理连片整治工程已经结束。村内安装和使用了节能设施，其中安装太阳能 280 个，太阳能灯 98 个，户用沼气池超过 200 个。村内有垃圾池 4 个，垃圾箱 32 个，集中处置垃圾率达 100%，为改善村容村貌提供了较好的基础。由于电力基础设施的改善，松树村全年基本上不存在停电现象。

图 1-11　松树村人畜饮水池
（松树村提供）

3. 通信设施

近些年，松树村通信设施得到了极大的改善。目前，松树村家家户户均拥有数字有线电视，可以随时了解国家的相关政策、改革开放取得的巨大成就，以及精准扶贫精准脱贫的相关措施。已有 85 户家庭通了宽带，全村使用智能手机人数 850 人，手机信号覆盖率为 100%。

4. 妇幼、医疗保健设施概况

松树村有 1 个卫生室，占地面积 30 平方米，建成于 2005 年 12 月。村内有 1 个药店（铺），有 1 位持有行医资格证书的医生。

5. 住房概况

松树村村民住房条件得到了很大程度的改善，户均宅基地面积 120 平方米，有 98% 的房屋居住类型为楼房。与此同时，由于较多的劳动力外出务工，家中的住

图1-12　松树村广播村村响

（松树村提供）

房闲置率较高，初步统计大约有 5 户农户房屋闲置 1 年及以上。

6. 文化体育设施概况

松树村有图书室 1 个，占地面积 30 平方米，藏书超过 500 册。有棋牌活动场所 1 个。体育健身场所正在建设中。

7. 便民服务中心

松树村新建便民服务中心 576 平方米左右，总投资 150 万元，融合了卫生、社保、文化、计生等部门在内。便民服务中心的建设，极大地丰富和方便了村民的生活。

8. 服务业概况

松树村共有餐饮企业 20 家，有批发零售商、超市、小卖部 7 个。

四　集体经济概况

2016年，松树村财务收入总共15.6万元，财务支出10万元，村民年人均纯收入8000元。村财务支出主要用于支付村干部务工补贴（68640元）和村民小组干部务工补贴（21000元）。2016年，松树村未发生集体债权和债务行为。

五　农业生产概况

（一）农业生产投入及其变化

2016年，松树村农业用地情况为：耕地面积为55公顷，林地面积为331公顷，均与2015年持平。农用机械总动力情况为：柴油发动机动力10千瓦，较2015年增加2千瓦；汽油发动机动力21千瓦，较2015年减少3千瓦；电动机动力1120千瓦，较2015年增加130千瓦。主要农业机械与设备情况为：机动脱粒机15台，与2015年相同；农用运输车3辆，较2015年减少1辆。农业主要能源及物质情况为：乡、村办水电站1个，与2015年相同；农村用电量38920千瓦时，较2015年增加4260千瓦时；农用化肥施用量43吨，较2015年增加3吨。

表1-2是2013年到2016年松树村农业生产条件。从表中可以看出，松树村农业生产的条件具有农业用地情况基本保持不变，以耕地和林地为主，农业机械总动力主要

来源于电动机、汽油机和柴油机，且电动机动力贡献最大，主要农业机械与设备为小型拖拉机配套农具、机动脱粒机、农用运输车和养殖渔船以及农业主要能源及物质是电等特点。

表1-2 2013~2016年松树村农业生产条件

一级指标	二级指标	2013年	2014年	2015年	2016年
农业用地情况	耕地（公顷）	55	55	55	55
	林地（公顷）	331	331	331	331
农用机械总动力	柴油发动机动力（千瓦）	7	7	8	10
	汽油发动机动力（千瓦）	17	17	18	21
	电动机动力（千瓦）	986	985	990	1120
主要农业机械与设备	小型拖拉机配套农具（台）	7	8	8	
	机动脱粒机（台）	15	15	15	15
	农用运输车（台）	3	3	4	3
农业主要能源及物质	乡、村办水电站（个）	1	1	1	1
	农村用电量（千瓦时）	34398	34561	34660	38920
	农用化肥施用量（吨）	39	42	40	43

资料来源：土坎镇综合农业统计年报（2013~2016年）。

第一，农业用地总量和土地用途保持不变。松树村的耕地面积从2013年至2016年一直保持在55公顷这一水平，林地面积一直保持在331公顷这一水平。松树村的农业用地主要用于耕地和林地。

第二，农用机械总动力近几年稳中有增。2013年和2014年，松树村柴油发动机动力均为7千瓦，2015年增加到8千瓦，2016年增加到10千瓦。汽油发动机动力在2013年和2014年均为17千瓦，2015年增加到18千瓦，2016年增加到21千瓦。电动机动力2013年为986千瓦，

2014年减少了1千瓦，变为985千瓦，2015年增加到990千瓦，2016年增加到1120千瓦。

第三，主要农业机械与设备近几年基本未发生变化。松树村机动脱粒机自2013年以来一直保持在15台，小型拖拉机配套农具2013年为7台，2014年和2015年均为8台，2016年全村已经不再使用小型拖拉机配套农具。农用运输车辆除了2015年为4辆外，2013年、2014年和2016年均为3辆。

第四，农业主要能源及物质除农村用电量发生了较大变化外，其他包括乡、村办水电站个数和农用化肥施用量都未发生大的变化。松树村农村用电量在2013年仅为34398千瓦时，2016年增加到38920千瓦时，增加了13.14%。2013年至2016年，松树村乡、村办水电站个数都为1个。

（二）农业生产规模、收益及变化

1. 粮食作物种植规模、产量、产值及变化

2016年，松树村主要种植玉米、水稻和土豆三种农作物，其中，水稻种植面积大于土豆种植面积，而土豆种植面积又大于玉米种植面积，但是，土豆的产值远远大于水稻和玉米的产值。2016年，松树村玉米种植面积为21公顷，单产350公斤/亩，市场均价为0.5元/公斤，年产值为3.5万元；水稻种植面积为550亩，单产500公斤/亩，市场均价为0.5元/公斤，年产值为13.75万元；土豆种植面积约为25公顷，单产约为1250公斤/亩，市场均价为0.75元/公斤，年产值约为46.87万元。

表1-3显示了2013年至2016年松树村粮食作物种植

面积及产量情况。从中可以看出，2013 年到 2015 年，松树村的粮食作物种植面积变化幅度不大，2015 年到 2016年，松树村的粮食作物种植面积由 2015 年的 130 公顷突然增加到 2016 年的 166 公顷，增加幅度为 27.69%。

表 1-3　2013~2016 年松树村粮食作物生产情况

单位：公顷，吨

一级指标	二级指标	2013 年	2014 年	2015 年	2016 年
粮食作物	面积	131	128	130	166
	产量	440	437	—	468
夏收粮	面积	45	46	47	49
	产量	34	36	38	40
谷物	总面积	64	56	58	64
	总产量	289	280	286	300
	稻谷面积	38	39	40	42
	稻谷产量	210	215	218	226
	小麦面积	10			0.5
	小麦产量	17			2
	玉米面积	16	17	18	21
	玉米产量	62	65	68	72
豆、薯类	豆类总面积	13	17	18	41
	豆类总产量	18	22	24	27
	大豆面积			17	20
	大豆产量			51	54
	绿豆面积	1	4	2	2
	绿豆产量	1	4	2	2
	豌豆面积	3	3	4	5
	豌豆产量	4	4	4	5
	胡豆面积	9	10	11	14
	胡豆产量	13	14	16	18
	薯类总面积	54	55	55	61
	薯类总产量	133	135	134	141
	马铃薯面积	23	23	22	25
	马铃薯产量	55	56	53	56
	红苕面积	31	32	33	36
	红苕产量	78	79	81	85

资料来源：土坎镇综合农业统计年报（2013~2016 年）。

夏收粮的种植面积从 2013 年至 2016 年呈逐年增加的趋势。2013 年松树村夏收粮的种植面积为 45 公顷，2014 年为 46 公顷，2015 年为 47 公顷，2016 年增加到 49 公顷。伴随着种植面积的递增性趋势变化，夏收粮的产量也呈现逐年增加的趋势性变化。2013 年，松树村夏收粮的总产量为 34 吨，以后逐年增加，到 2016 年增加到 40 吨，较 2013 年增加了 6 吨。

自 2014 年以来，松树村谷物总的种植面积和总产量逐年增加，种植产品种类趋于稳定，主要为稻谷、小麦和玉米。2014 年松树村的谷物种植总面积分别为 56 公顷，此后逐年增加，到 2016 年增加为 64 公顷，相应的谷物总产量也由 2014 年的 280 吨增加到 2016 年的 300 吨。稻谷和玉米这两种谷物在松树村历年都种植，但是稻谷的种植面积较玉米的种植面积更大。2013 年稻谷的播种面积为 38 公顷，以后逐年增加，到 2016 年达到 42 公顷。与此同时，稻谷的产量也从 2013 年的 210 吨逐年增加到 2016 年的 226 吨。玉米的播种面积和生产产量也呈逐年增加的变化趋势，2013 年玉米的播种面积为 16 公顷，总产量为 62 吨，以后逐年增加，到 2016 年，玉米的播种面积增加到 21 公顷，产量增加到 72 吨。小麦在 2014 年和 2015 年没有种植，在 2016 年，松树村共种植小麦 0.5 公顷，总产量为 2 吨。

2016 年，松树村的豆类种植总面积为 41 公顷，总产量为 27 吨，均较 2015 年要高。其中，大豆种植 20 公顷，产量 54 吨；绿豆种植 2 公顷，产量 2 吨；豌豆种植 5 公顷，产量 5 吨；胡豆种植 14 公顷，产量 18 吨。

2016 年，松树村种植薯类 61 公顷，产量 141 吨，其中，种植马铃薯 25 公顷，产量 56 吨；种植红苕 36 公顷，产量 85 吨。

2. 经济作物种植面积、生产产量及其变化

松树村生产的经济作物主要有油料作物、麻类、药材类、蔬菜及食用菌以及瓜果类，其中，油料作物主要有花生、油菜、芝麻和向日葵，麻类主要有苎麻。2016 年，松树村经济作物播种总面积为 69 公顷；油料作物播种总面积 13.3 公顷，总产量 24 吨，其中，油菜籽播种总面积 13 公顷，总产量 21 吨；蔬菜及食用菌播种总面积 58 公顷，总产量为 750 吨。

表 1-4 是 2013 年至 2016 年松树村经济作物播种面积及生产产量情况。从表中可以看出，从 2013 年到 2016 年，松树村经济作物播种面积呈逐年增加的变化趋势，2013 年松树村经济作物的播种面积为 62 公顷，此后逐年增加，到 2016 年增加到 69 公顷。油料作物总的播种面积也呈逐年增加的变化趋势，2013 年松树村油料作物总的播种面积为 9 公顷，此后逐年增加，到 2016 年增加到 13.3 公顷。油料作物总产量的变化与播种面积的变化一致，也是逐年增加，2013 年油料作物的总产量为 16 吨，2014 年为 17 吨，2015 年为 18 吨，2016 年为 24 吨。

表1-4   2013~2016 年松树村经济作物生产情况

单位：公顷，吨

一级指标	二级指标	2013 年	2014 年	2015 年	2016 年
	经济作物播种面积	62	64	66	69
油料作物	总面积	9	10	11	13.3
	总产量	16	17	18	24
	油菜籽面积	9	10	11	13
	油菜籽产量	16	17	18	21
蔬菜及食用菌	总面积	52	53	55	58
	总产量	726	730	745	750

资料来源：土坎镇综合农业统计年报（2013~2016 年）。

油菜籽的种植面积和生产产量从 2013 年到 2016 年逐年增加，2013 年，松树村的油菜籽种植面积为 9 公顷，生产产量为 16 吨，以后逐年增加，到 2016 年，松树村的油菜籽种植面积为 13 公顷，生产产量为 21 吨。

蔬菜及食用菌在松树村的种植具有历史延续性，且从 2013 年到 2016 年，蔬菜及食用菌的种植面积和生产产量逐年增加。2013 年，松树村蔬菜及食用菌总的种植面积为 52 公顷，总产量为 726 吨，以后逐年增加，到 2016 年，松树村蔬菜及食用菌的总种植面积为 58 公顷，总产量为 750 吨。

3. 蔬菜及特种作物种植面积、生产产量及变化

2016 年，松树村蔬菜总的播种面积为 790 公顷，较 2015 年增加 15 公顷，总产量为 750 吨，较 2015 年增加了 14 吨。水果总产量为 11 吨，其中柑橘类总产量为 10 吨，葡萄总产量为 0.5 吨，梨子总产量为 0.5 吨。

表 1-5 是 2013 年至 2016 年松树村蔬菜及特种作物生产情况。从表中可以看出，松树村生产的蔬菜是非基地、

非大棚、普通、鲜用的蔬菜，生产的水果以柑橘类为主，部分年份也有其他种类的水果，比如葡萄、梨子和桃。

表1-5　2013~2016年松树村蔬菜及特种作物生产情况

一级指标	二级指标	2013 年	2014 年	2015 年	2016 年
蔬菜	总面积（公顷）	771	772	775	790
	总产量（吨）	726	728	736	750
	非基地种植面积（公顷）	771	772	775	790
	非基地生产产量（吨）	726	728	736	750
	普通蔬菜种植面积（公顷）	771	772	775	790
	普通蔬菜生产产量（吨）	726	728	736	750
	非大棚种植面积（公顷）	771	772	775	790
	非大棚生产产量（吨）	726	728	736	750
	鲜用蔬菜种植面积（公顷）	771	772	775	790
	鲜用蔬菜生产产量（吨）	726	728	736	750
	市内销售	5	5	6	9
	销售收入（万元）	5	5	6	9
水果	产量（吨）	5	6	8.5	11
	柑橘类	5	6	8	10
	葡萄			0.5	0.5
	梨子				0.5

资料来源：土坎镇综合农业统计年报（2013~2016 年）。

自 2013 年以来，松树村蔬菜的种植面积呈逐年增加的趋势，2013 年的种植总面积为 771 公顷，2014 年增加到 772 公顷，2015 年增加到 775 公顷，2016 年增加到 790 公顷。伴随着种植面积的变化，产量也发生了逐年增加的变化，由 2013 年的 726 吨逐年增加到 2016 年的 750 吨。

松树村的水果产量也呈逐年增加的趋势。2013 年，松树村水果的总产量为 5 吨，此后逐年增加，到 2016 年增加到 11 吨。其中，村桔类水果在松树村历年都种植，其产量变化趋势与松树村水果总的产量变化趋势趋同。2013年到2016年，松树村柑桔类水果的产量从5吨增加到10吨。

4. 鲜用蔬菜种植面积、生产产量及变化

2016年，松树村鲜用蔬菜种植总面积为818.4公顷，较2015年增加71.4公顷，总产量为835吨，较2015年增加了149吨，其中，叶菜类种植总面积为77.9公顷，较2015年增加14.9公顷，总产量为86吨，较2015年增加了24吨；白菜类种植总面积为38公顷，较2015年增加6公顷，总产量为49吨，较2015年增加6吨；甘蓝类种植总面积为6公顷，较2015年增加2公顷，总产量为6吨，较2015年增加2吨；根茎类种植总面积为175公顷，较2015年减少155公顷，总产量为381吨，较2015年减少32吨；瓜菜类种植总面积为146公顷，较2015年减少7.5公顷，但是总产量为121吨，较2015年增加10吨；豆类种植总面积为74公顷，总产量为83吨；茄果类种植总面积为143公顷，较2015年增加7公顷，但是，总产量仅为65吨，较2015年减少14吨；葱蒜类种植总面积11公顷，较2015年增加1公顷，总产量为7吨，较2015年增加1吨；水生菜类种植总面积为0.5公顷，较2015年减少16.5公顷，总产量为1吨，较2015年减少22吨；芥菜类播种总面积为20公顷，较2015年增加5公顷，总产量为25吨，较2015年增加17吨；芽苗菜播种总面积为17公顷，总产量为9吨。

表1-6是2013年至2016年松树村鲜用蔬菜种植面积及

生产产量变化情况。从表中可以看出，从 2014 年到 2016 年，松树村鲜用蔬菜的种植面积和生产产量逐年增加。2014 年，松树村鲜用蔬菜的总种植面积为 733 公顷，总产量为 674 吨；2015 年的总种植面积为 747 公顷，总产量为 686 吨；2016 年的总种植面积为 818.4 公顷，总产量为 835 吨。

表 1-6　2013~2016 年松树村鲜用蔬菜生产情况

单位：公顷，吨

一级指标	二级指标	2013 年	2014 年	2015 年	2016 年
鲜用蔬菜	总面积	771	733	747	818.4
	总产量	726	674	686	835
	叶菜类	57	61	63	77.9
	叶菜类	67	62	62	86
	白菜类	28	31	32	38
	白菜类	38	40	43	49
	甘蓝类	2	3	4	6
	甘蓝类	4	5	4	6
	根茎类	318	322	330	175
	根茎类	339	343	349	381
	瓜菜类	132	135	138.5	146
	瓜菜类	104	106	111	121
	豆类	100			74
	豆类	76			83
	茄果类	96	139	136	143
	茄果类	69	82	79	65
	葱蒜类	9	10	10	11
	葱蒜类	3	5	6	7
	水生菜类			17	0.5
	水生菜类			23	1
	芥菜类	15	16	15	20
	芥菜类	20	22	8	25
	芽苗菜	12	14		17
	芽苗菜	5	7		9

资料来源：土坎镇综合农业统计年报（2013~2016 年）。

5. 水果及食用坚果种植面积、产量及变化

由于数据的缺失，目前仅知道 2016 年，松树村园林水果总播种面积为 20 公顷，总产量为 20 吨，食用坚果总播种面积为 5 公顷。

表 1-7 是 2013 年至 2016 年松树村水果及食用坚果生产情况。从表中可以看出，松树村生产的水果包括瓜果类、园林水果、柑桔类以及其他园林水果。2015 年，松树村种植的瓜果类水果面积为 16 公顷，总产量为 12 吨；种植的园林水果面积为 12 公顷，总产量为 10 吨；种植的柑橘类水果面积为 5 公顷，总产量为 10 吨；种植的其他园林水果为 7 公顷；种植的食用坚果面积为 4 公顷，总产量为 2 吨。松树村园林水果的种植面积为 20 公顷，总产量为 20 吨；种植的食用坚果面积为 5 公顷。

表 1-7　2013~2016 年松树村水果及食用坚果生产情况

单位：公顷，吨

一级指标	二级指标	2013 年	2014 年	2015 年	2016 年
瓜果类	播种面积	0	0	16	
	产量	0	0	12	
园林水果	播种面积	9	10	12	20
	产量	4	5	10	20
柑桔类	播种面积	4	5	5	
	产量	3	3	10	
其他园林水果	播种面积	5	5	7	
	产量	1	0	0	
食用坚果	播种面积	3	4	4	5
	产量	2	2	2	

资料来源：土坎镇综合农业统计年报（2013~2016 年）。

2013~2016 年，松树村园林水果的种植面积和产量均呈逐年增加的变化趋势，并且，由 2013 年的 9 公顷种植面积增加到 2016 年的 20 公顷种植面积，产量由 2013 年的 4 吨增加到 2016 年的 20 吨。

6. 林业生产产量及变化

2016 年，松树村生产的林产品主要是核桃、板栗和木材，并且核桃的产量为 2 吨，较 2015 年增加 0.5 吨，板栗产量为 2 吨，较 2015 年增加 0.5 吨，木材的产量为 35 立方米，较 2015 年减少 5 立方米。

表 1-8 是 2013 年至 2016 年松树村林业生产产量及变化情况。从表中可以看出，自 2014 年起，核桃、板栗和木材在松树村都有种植，并且核桃和板栗的产量逐年增加，而木材的产量却逐年减少。

表 1-8　2013~2016 年松树村林业生产情况

单位：吨，立方米

一级指标	二级指标	2013 年	2014 年	2015 年	2016 年
核桃	产量		1	1.5	2
板栗	产量		1	1.5	2
木材	产量	42	45	40	35

资料来源：土坎镇综合农业统计年报（2013~2016 年）。

7. 畜牧业养殖规模及变化

2016 年，松树村猪的存栏量总共 750 头，其中能繁殖的母猪存栏量 80 头。牛存栏量总共 154 头，其中役用牛存栏量 34 头；羊存栏量总共 450 只。家禽存栏量总共 1060 只，其中，鸡 650 只、鸭 290 只、鹅 120 只。猪出栏量为 980 头，牛出栏量为 50 头，羊出栏量为 420 只，鸡出栏量为 930 只，鸭出栏量为 670 只，鹅出栏量为 97 只。猪肉产量 65 吨，羊肉产量 9 吨，禽肉产量 6 吨，禽蛋产量 7 吨。

表 1-9 是 2013 年至 2016 年松树村畜牧业养殖规模及变化情况。从表中可以看出，2013 年至 2016 年，松树村的猪存栏量、能繁殖母猪存栏量、羊存栏量、家禽存栏量、鸡存栏量、鸭存栏量、鹅存栏量、猪出栏量、牛出栏量、羊出栏量、鸡出栏量、鸭出栏量、鹅出栏量以及猪肉产量、牛肉产量、羊肉产量、禽肉产量和禽蛋产量均呈逐年增加的变化趋势。

表1-9　2013~2016 年松树村畜牧业生产情况

一级指标	二级指标	2013 年	2014 年	2015 年	2016 年
畜禽存栏	猪（头）	480	501	530	750
	能繁殖母猪（头）	52	55	60	80
	牛（头）	30	28	25	154
	役用牛（头）	30	28	25	34
	羊（只）	318	320	340	450
	家禽（只）	680	719	797	1060
	鸡（只）	418	430	470	650
	鸭（只）	223	235	267	290
	鹅（只）	39	54	60	120
畜禽出栏	猪（头）	860	875	901	980
	牛（头）	30	32	35	50
	羊（只）	320	335	358	420
	鸡（只）	650	710	750	930
	鸭（只）	530	545	550	670
	鹅（只）	70	82	85	97

一级指标	二级指标	2013 年	2014 年	2015 年	2016 年
畜禽产品产量（吨）	猪肉	52	55	60	65
	牛肉	6	7	8	10
	羊肉	4	5	6	9
	禽肉	2	3	4	6
	禽蛋	4	5	5	7

资料来源：土坎镇综合农业统计年报（2013~2016 年）。

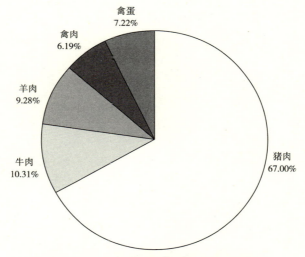

图1-13　2016 年松树村畜禽产品产量对比

资料来源：土坎镇综合农业统计年报（2013~2016 年）。

　　图 1-13 是 2016 年松树村畜禽产品产量对比情况。从中可以看出，2016 年，松树村猪肉产量占畜禽产品产量比例最大，为 67.00%，其次为牛肉，占 10.31%，之后为羊肉，占 9.28%，之后为禽肉，占 6.19%，最后为禽蛋，占比为 7.22%。

第二章

松树村精准扶贫精准脱贫历程

第一节　松树村贫困总体概况

一　武隆脱贫攻坚规划

为确保武隆 2016 年如期实现脱贫"摘帽"目标,武隆县委县政府于 2015 年 7 月 21 日印发《关于扎实推进扶贫攻坚的实施意见》,主要有以下三方面内容。

（一）增强三种意识,全面立下"军令状"

市委召开全市扶贫攻坚工作会议,向全市发出了限时打赢扶贫攻坚战的"动员令"。全县各级各部门和广大党员干部必须站在讲政治的高度,进一步统一思想认识,为全面打响扶贫攻坚总体战提供强有力的思想政治保障。一是增强使命意识。深入贯彻落实全市扶贫攻坚工作会议精神，紧紧围绕"四个全面"战略布局，增强扶贫攻坚和脱贫"摘帽"的使命意识，切实肩负起做好新形势下扶贫攻坚工作的历史重任。二是增强紧迫意识。针对脱贫"摘帽"时间紧、任务重、要求高的现实条件，全县各级各部门和广大党员干部必须以时不我待、只争朝夕的紧迫感，精心规划、倒排工期、加快推进。三是增强决胜意识。树立决战决胜的信心，咬定总目标、理清新思路、立下"军令状"，以超常规的举措，聚全县之力打赢扶贫攻坚总体战，如期摘除"贫困帽"。

（二）锁定三个目标，切实打赢"攻坚战"

一是完成 55449 人的贫困人口"越线"减贫目标，其中 2015 年减贫 28000 人、2016 年减贫 27449 人。二是完成 75 个贫困村整村脱贫"销号"目标，其中 2015 年脱贫销号 26 个村、2016 年脱贫销号 49 个村。三是完成全县脱贫"摘帽"目标并将贫困发生率降低到 2% 以内。

（三）推进十大行动，下好全县"一盘棋"

按照全县"一盘棋"的系统思维，加强统筹协调，扎实推进十大扶贫攻坚行动。

1. 基础设施攻坚行动

按照"建八有""解八难"的脱贫标准，扎实推进贫困农村基础设施项目建设，着力实现"四个全覆盖"，即：

100% 行政村通畅和 100% 撤并村通达，100% 行政村通客车公路交通全覆盖；100% 贫困村自来饮用水全覆盖；100% 居民聚居点有线上网和电商农户无线上网全覆盖；新一轮农村电网升级改造对贫困村和贫困户全覆盖。

2. 生态修复攻坚行动

按照"五个决不能"和"六个更加"的要求，坚持生态搬迁、生态修复和环境综合整治同步推进的原则，加快建设生态文明示范县。一是实施生态修复工程。扎实推进高山生态扶贫当年搬迁和当年修复工程，加快推进水域消落带和耕地石漠化治理。二是实施育林护林工程。推进城周、荒山、道路、水系等绿化，新完成 20 万亩营造林计划任务，全县森林覆盖率达到 62% 以上。三是实施环境综合治理工程。完成 42 个村环境综合整治，确保农村环境综合整治率达到 100%。

3. 扶贫搬迁攻坚行动

全面完成规划安置点建设和 3.96 万人的生态扶贫搬迁任务，兜底完成 291 户无房、窝棚、危房深度贫困农户搬迁安置任务。一是加快集中安置点建设。加快实施剩余的 47 个搬迁安置点建设，确保 2015 年全面完成市、县级安置点建设任务。二是加快贫困群众搬迁安置。针对实施生态扶贫搬迁的困难群体，除采用提高补助标准、小额贷款贴息、社会结对帮扶等办法享受财政补贴外，通过企事业单位联系、干部结对帮扶等方式，确保具有搬迁条件和意愿的贫困农户应搬尽搬。三是加快实施安稳致富工程。建立搬迁对象监控、回访机制，强化创业就业扶持，妥善解决搬迁建房、公共服务、就业创业和后续发展问题，逐步实现"搬得出、稳得住、逐步能致富"的目标。针对短时间内无法实现脱贫的贫困人口，按照"不脱贫不脱钩，脱贫后送一程"的原则，加大帮扶力度直至其完全脱贫。

4. 旅游富民攻坚行动

依托神奇山水，建设梦想家园，打造中国最美乡村旅游目的地。2016 年，全县旅游接待人次突破 2500 万人次，旅游综合收入达到 75 亿元；形成乡村旅游示范村（点）50 个，乡村旅游接待户 4000 户，乡村旅游从业人数 15000 人；乡村游客接待 600 万人次，实现乡村旅游接待收入 10 亿元。2020 年，全县旅游接待人次突破 4500 万人次，旅游综合收入达到 160 亿元；形成乡村旅游示范村（点）100 个，乡村旅游接待户 8000 户，乡村旅游从业人数 3 万人，接待乡村游客 1200 万人次，实现乡村旅游接待收入 25 亿元。一是成立由县委书记任组长的乡村旅游工作领导小组，加大乡村旅游工作的领导和协调力度，制定出台加快乡村旅游发展的实施意见。二是编制完善乡村旅游发展规划，制定乡村旅游示范村（点）、乡村旅游接待户、星级农家乐行业标准和验收办法，规范乡村旅游从业行为。三是对农户利用自己的宅基地和房屋发展乡村旅游给予床位建设一次性补助。

5. 特色产业攻坚行动

推进高山蔬菜、草食牲畜、特色林果、乡村旅游、烤烟、劳务经济六大"十亿"产业链建设，为整县脱贫和巩固脱贫成果提供产业支撑。推进产业精准扶贫，实现贫困村、新型流通体系、产业扶持政策全覆盖。一是产业规划到村到户，每村有 1~2 个优势产业，每户 1 个以上增收脱贫项目。二是产业链建设到村到户，实现村村、户户有市场主体带动。三是产业技术培训到村到户，实现村村有科技特派员、片区有田间学校、季季有田间技术培训。四是电子商务到村到户，建设特色"中国武隆馆电子商城"，将 30% 以上贫困村纳入网点，建成一批电商扶贫示范村，实现村村有电商明白人、经营者。五是产业扶持到村到户，整合政策、精准投入，确保产业规划全部落地。

6. 精准扶贫攻坚行动

按照"六个精准"要求，全面实施精准扶贫、精准脱贫。一是扶贫对象精准。抓好全县 1.6 万户建档贫困农户基本信息管理系统的数据更新，摸清贫困农户的致贫原因、帮扶愿望、脱贫需求等基本情况。二是措施到户精准。根据扶贫对象的致贫因素、脱贫需求等情况，量身定制切实可行、富有成效的扶贫规划与帮扶措施，形成因地制宜、因人而异、因户施策的精准扶贫格局。三是项目安排精准。根据扶贫攻坚规划合理安排对应项目，提高扶贫项目的针对性、操作性和实效性。四是资金使用精准。按照"规划对接项目、项目对接资金"的原则，确保扶贫资金用到关键环节并实现扶贫效益的最大化。完善扶贫项目资金监管机制，加大扶贫资金监管力度，确保扶贫资金使用的安全性。五是因村派人精准。根据贫困村和帮扶干部的自身特点，合理选派"第一书记"和驻村帮扶干部，确保干部选派人尽其才、才尽其用。六是脱贫成效精准。按照"脱贫一批、验收一批,脱贫一户、销号一户"的原则做好"减法"。对脱贫后返贫的采取"返贫一批、再扶一批"的方式做好"加法"。

7. 社会救助攻坚行动

按照"四个全覆盖"的原则,大力实施社会救助扶贫攻坚行动。一是将不具有开发和脱贫能力的孤寡、老弱、病残等贫困群体全部纳入最低生活保障覆盖范畴,全面解决其基本生存问题。二是为全县贫困对象人口统一购买自然灾害险和意外伤害险并实现全面覆盖。三是通过党员结对、干部走访、代理家长、志愿服务等方式,将全县2.6万名"三留守"人员纳入留守关爱行动全覆盖。四是对因病致贫的贫困人口,启动实施医疗救助并实现全面覆盖。

8. 教育扶贫攻坚行动

一是加大教育扶贫力度,县财政对教育的投入占GDP的比重常年保持5%以上。二是投资5.8亿元,完成县城1所中学、1所小学和1所幼儿园建设,同时继续完善职业技术学校建设。三是加大农村实用技术培训,深入开展各类劳动力就业创业能力培训,结合当前的市场需求,每年实现农村实用技术培训5000人次以上,确保贫困村实用技术培训全覆盖。四是通过助学贷款、贷款贴息、贫困救助、爱心人士帮扶等方式,帮助贫困家庭学生解决上不起大学和大学毕业生的就业创业问题,实现一个贫困大学生带动整个家庭脱贫的目标。五是提高对家庭困难幼儿、孤儿、残疾幼儿入园和普通高中家庭困难学生的资助标准并实现全覆盖。

9. 社会扶贫攻坚行动

加快建构政府、市场、社会互为支撑，专项扶贫、行业扶贫、社会扶贫"三位一体"共同发力的大扶贫工作格局。一是拓展水利部定点扶贫、济南市东西协作扶贫、三峡（江西省、云南省）对口支援、市委政法委扶贫集团对口帮扶、市八大民主党派、市工商联、市知联会、市新专联、"圈翼"帮扶、县级扶贫集团和干部结对帮扶的深度和广度，努力集聚各类扶贫资源要素。二是加大与各类慈善机构、非公经济组织和扶贫爱心人士的协调对接力度，深入开展扶贫招商、扶贫募捐和爱心帮扶活动，积极支持社会各届广泛参与。三是深入开展以支医、支教、支农为主题的"三支"扶贫志愿行动，激发贫困人口的内生活力和自我发展能力。

10. 基层建设攻坚行动

一是切实抓好以党组织为核心的村级组织建设，着力增强贫困村基层组织的凝聚力、向心力和战斗力，真正把基层党组织建设成为带领群众脱贫致富的坚强战斗堡垒。二是按照扶贫攻坚与基层组织建设同步加强的原则，从县级部门或乡镇选派思想好、作风正、能力强、愿意为群众服务的优秀年轻干部到贫困村担任"第一书记"。同时，组建强有力的扶贫驻村工作队，做到每个贫困村有一支驻村工作队伍、每个贫困户有一名帮扶干部。三是切实加强驻村扶贫干部的工作指导、督查和脱贫目标考核管理，对村干部严格执行 3 年一次审计和重大事项报告制度。四是逐步提高村干部待遇，增强驻村扶贫干部的工作积极性、主动性和创造性。

（四）落实十项举措，如期摘除"贫困帽"

1. 组建攻坚机构，加强组织领导

一是按照市委、市政府确定的脱贫"摘帽"时间节点，采取"县负总责、乡镇抓落实、扶贫到村、帮扶到户、责任到人"的方式，组建成立扶贫攻坚工作领导小组，建立完善党政主要领导亲自抓、分管领导具体抓、单位部门协同抓的统筹协调机制，全面形成一级抓一级、层层抓落实的联动工作格局。二是抽调精兵强将组建专门工作队伍，具体负责扶贫攻坚工作。三是加强乡镇扶贫工作机构建设，稳定扶贫干部队伍，确保每个乡镇配备3~5名业务能力强、工作作风硬的专职扶贫干部。

2. 分解落实任务，强化目标考核

一是分解落实扶贫脱贫目标任务，明确各乡镇党委、政府和贫困村"两委"、驻村"第一书记"、驻村扶贫工作队的工作任务和各扶贫集团的对接帮扶责任。二是按照平时考核、专项督查、季度通报、年度考评、综合排位相结合的办法，加大对各乡镇、各帮扶单位、驻村工作队、"第一书记"的检查指导和目标考核力度，建立完善扶贫攻坚"一票否决"制度，督促各级各部门立下"军令状"，打好"攻坚战"，啃下"硬骨头"，摘除"贫困帽"。

3. 制定配套政策，建立完善机制

围绕十大扶贫攻坚行动，推动政策向贫困区域聚集、资金项目向贫困村聚焦、力量向贫困对象聚集的配套体系。探索财政支农资金与脱贫任务完成绩效挂钩的预算分配和竞争性分配机制。建立完善重大基础设施、重大民生、重大产业等项目用地政策机制。建立完善卫生计生、人力社保、民政、扶贫等部门信息交换共享机制，实现信息互联互通。

4. 整合集聚资源，形成聚合优势

建立完善扶贫开发项目资金整合投入机制，高度整合交通、水务、电力、农业、农综、烟草等各部门行业的项目资源，重点投向十大扶贫攻坚行动的相关项目建设，着力形成项目资金的融合集聚效应和"组合拳"优势。探索建立农村土地、林地等资源流转经营机制，探索创新要素股权化、农民专业化、经营市场化等发展模式，盘活农村资产和放大农村土地、林地等生产要素活力，逐步建立以土地入股、扶贫资金入股、财产入股等多种利益联结机制和要素整合集聚机制。

5. 强化资金监管，创新管理方式

一是建立财政专项扶贫资金项目竞争分配机制，创新项目申报、竞争立项、绩效奖励等分配方式，推动财政扶贫项目资金使用分配的透明性、规范性、公平性和使用效益的绩效性。二是建立完善项目申报、评审立项、计划分配、绩效评估、跟踪审计、责任追究流程化监管体系，提高扶贫项目资金的安全性和绩效性。三是建立完善财政、扶贫、审计、监察部门全程跟踪监督制度。四是建立完善农民义务监督、中介验收评估和群众评议等三方监督机制，建构部门监督、群众监督、社会监督的监督体系。五是加大扶贫资金管理使用审计、违纪违法案件查处打击和责任追究的力度。

6. 坚持"六个一批"，确保精准脱贫

针对贫困人口不同的致贫原因，按照分类施策的原则量身定做帮扶方案，建立完善"六个一批"的贫困人口精准脱贫机制。一是梯度转移一批。制定土地、财政、产业、户籍等优惠政策，加大转移就业技能培训，引导贫困人口向城镇梯度转移一批。二是产业带动一批。通过创新贫困农户土地、林地、房产等资源要素入股分红以及扶贫资金补贴、股权量化到户等模式，建立完善贫困农户与市场主体的利益连接机制，大力发展特色骨干增收产业带动一批。三是搬迁安置一批。进一步完善生态扶贫搬迁差异化补助政策，瞄准贫困人口实施高山生态扶贫搬迁安置一批。四是医疗救助一批。通过合作医疗保险、大病医疗救助、补充商业保险相衔接的医疗保障制度救助一批。五是教育资助一批。通过实施教育资助、雨露计划、高校贫困毕业生就业创业等扶持政策资助一批。六是"低保"兜底一批。完善农村最低生活保障制度与农村扶贫开发制度的衔接，实现农村扶贫标准和农村低保标准"两线合一"，将丧失劳动能力的贫困人口全部纳入农村低保范围兜底一批。

7. 加大金融扶持，突破制约瓶颈

组织县属国有企业参与扶贫开发，落实市场主体到贫困地区投资兴业优惠政策，鼓励非公经济、社会组织参与扶贫攻坚。创新金融扶贫机制，加快金融互助合作资金组织建设，实施精准扶贫小额到户贷款和贷款贴息工程，设立扶贫小额贷款风险补偿金，推广贫困户人身意外等扶贫小额保险，为贫困人口提供多元化的金融服务。

8. 加大宣传力度，营造良好氛围

加大扶贫攻坚宣传力度，广泛宣传广大干部群众在扶贫攻坚工作中的先进事迹、先进经验和成功模式，扩大扶贫攻坚的社会影响力，以良好的社会舆论氛围提高社会各界的关注度和参与度。

9. 注重干部培养，选拔优秀人才

坚持在扶贫攻坚第一线培养、选拔干部，并将政治素质良好、业务能力强、愿意为群众办事的干部选派到扶贫攻坚的第一线去锻炼。对在扶贫攻坚中涌现出来的优秀干部，既要塑造典型，又要在符合组织程序的前提下优先提拔重用，努力打造一支"政治坚定、业务精通、纪律严明、作风优良、工作扎实、无私奉献"的扶贫开发工作干部队伍。

10. 加强组织建设，建好"三支队伍"

切实加强乡镇党委班子、村党组织书记、农村致富带头人"三支队伍"建设。一是配齐配强乡镇班子尤其是党政一把手，改革创新工作考核评价方式，将扶贫攻坚列为乡镇目标考核重点，督促各乡镇党委、政府将工作重心转移到扶贫攻坚工作中来。二是配齐配强贫困村"第一书记"，充分发挥贫困村党组织的"火车头"作用。抽调精兵强将组建驻村工作队伍，实现"村村都有工作队、户户都有责任人"的帮扶格局。三是建立完善致富带头人示范引领机制，充分发挥致富带头人的"传、帮、带"作用，引领带动贫困群众通过发展特色产业实现稳定增收和脱贫致富。

二 松树村贫困概况

松树村地处喀斯特高原丘陵山区，长期以来，交通不便、生产生活落后。为确保如期完成国家级脱贫摘帽任务，松树村坚持以人为本的理念，以基础设施建设为切入点，扶贫项目建设坚持"统筹规划、效益优先、兼顾公平、量力而行、惠及群众"的实施原则。抢抓扶贫开发机遇，集中时间，集中财力，加快改善农民生产生活条件，增强贫困户的自我发展能力，不断完善基础设施建设，探索适宜地区发展的产业，推进脱贫攻坚工作有序进行。

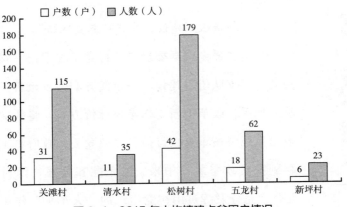

图 2-1 2015 年土坎镇建卡贫困户情况

资料来源:《2015 年土坎镇减贫花名册》。

2015 年，松树村顺利完成重庆市市级摘帽脱贫任务。经过各方努力，截至 2017 年，全村仅剩 4 户贫困户未脱贫。从 2015 年建卡贫困户来看，松树村共有 42 户贫困户，贫困人数 179 人。贫困户总数在 5 个自然行政村中位列第一，是土坎镇扶贫攻坚的硬骨头。

在对贫困户拟采取的脱贫方式中，土坎镇主要围绕产业带动、搬迁安置和低保兜底三种形式，其中，产业带动是各行政村主要采取的方式，也是脱贫效果较好的方式。2015 年，松树村拟对 38 户贫困户采取产业带动、1 户贫困户采取搬迁安置、3 户贫困户采取低保兜底来确保贫困户脱贫。

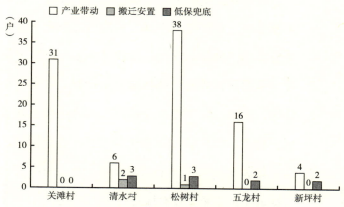

图 2-2　2015 年土坎镇建卡贫困户脱贫方式

注："0"表示该分组没有。

资料来源：《2015 年土坎镇减贫花名册》。

三　松树村脱贫攻坚规划

自 2014 年脱贫攻坚工作开展以来，松树村高度重视扶贫工作，驻村工作队和村组干部严格按照精准识贫、精准脱贫的基本工作方略，推动扶贫工作的开展，并取得了显著成效。

（一）加强自上而下的组织领导

加强组织领导是实现整村脱贫的保障，土坎镇党委、政府多次召开党委会、专题会研究松树村扶贫攻坚工作，并成立了松树村整村脱贫工作领导小组，落实了驻村工作队以及扶贫第一书记。松树村相应成立了扶贫攻坚领导小组，强力推进脱贫工作顺利开展。

（二）提高各级领导及部门重视程度

各级领导重视是工作取得成功的前提。松树村的扶贫工作得到了重庆市公安局、武隆区政府和土坎镇政府等各级领导部门的鼎力支持。重庆市公安局领导多次召开局党委会专题研究松树村的扶贫攻坚计划，安排专项扶贫资金扶持，保障扶贫工作有序推进；武隆区和土坎镇领导到村到户检查，指导督促落实扶贫攻坚工作；同时，驻村工作队工作和扶贫第一书记长期在村，全力解决村民所需，致力推进脱贫攻坚工作有序进行。

（三）加大脱贫攻坚宣传力度

宣传发动有力是完成整村脱贫的基础。为准确掌握扶贫政策，松树村组织村干部加强对《武隆县驻村工作队资料汇编》以及区级部门文件的学习，以正确理解领导的讲话精神，并先后组织召开了村社干部会、党员、村民代表讲解精准扶贫精准脱贫攻坚的政策；驻村工作队和村干部包社，组织召开户长会，将扶贫攻坚的惠农政策宣传到户，发展生猪、油菜等产业；此外，召开4次贫困户专题会议，宣传当前扶贫政策，帮扶干部与贫困户多对一结对，让贫困政策家喻户晓。

（四）为脱贫攻坚指定翔实的扶贫任务

明确扶贫任务是完成整村脱贫的关键。为完成整村脱贫任务，武隆区明确安排了扶贫集团结对帮扶贫困村制度，明确了区公安局和中国人寿武隆支公司结对帮扶松树村，并安排了相关领导联系松树村；同时，镇党委、政府安排专职领导负责松树村扶贫攻坚工作并制定考核办法，对未完成扶贫攻坚工作的分管干部、驻村工作队、第一书记、联系干部，当年年终考核不称职，村支部书记免职。

第二节　松树村精准扶贫精准脱贫历程

一　精准识别过程

（一）精准识别的重要性

为实现2020年全面建成小康社会的战略布局，脱贫攻坚战须精准识别贫困人口。^① 所谓扶贫开发精准识别，就是按照统一标准，通过规范的流程和方法，找出真正的贫困村、贫困户，了解贫困状况，分析致贫原因，摸清帮扶需求，为扶贫开发瞄准对象提供科学依据。由此可见，做好建档立卡贫困户的精准识别工作是实现精准扶贫精准脱贫的关键和基础。

1. 精准识别贫困户，是如期建成小康社会的新要求

习近平总书记强调，"十三五"时期是我们确定的全面建成小康社会的时间节点，最艰巨最繁重的任务在农村，特别是在贫困地区。"小康不小康，关键看老乡。"因此，要把握时间节点，努力补齐短板，科学谋划精准扶贫挂图作战，确保贫困人口如期脱贫。只有对象精准，才能解决贫困人口底数不清、对象不明、分布不详的问题，才能聚合专项扶贫、行业扶贫和社会扶贫力量，有计划、有步骤、分年度、分批次脱贫"摘帽"，最终实现扶贫攻坚战的胜利。

2. 精准识别贫困户，是落实"六个一批""六个精准"的主任务

习近平总书记指出，要在扶持对象精准、项目安排精准、资金使用精准、措施到户精准、因村派人（第一书记）精准、脱贫成效精准"六个精准"上想办法、出实招、见真效。要坚持因人因地施策，因贫困原因施策，因贫困类型施策，区别不同情况，做到对症下药、精准滴

---

① 朱梦冰、李实：《精准扶贫重在精准识别贫困人口——农村低保政策的瞄准效果分析》，《中国社会科学》2017 年第 9 期。

灌、靶向治疗，不搞大水漫灌、走马观花、大而化之。只有抓住对象精准这个核心，用好贫困户建档立卡这个平台，才能因地制宜、因对施策、因户施法。

（二）松树村精准识别具体措施

根据重庆市扶贫开发工作座谈会要求，以及武隆区对精准识别的指示，松树村结合发展实际，在贫困户的选择上，坚持两条标准：一是收入水平是否符合标准，即2013年家庭年人均纯收入低于2736元的（相当于2010年2300元不变价）为市级贫困户，收入高于2736元但低于3000元的，作为贫困监测对象；二是是否具有劳动能力。

在贫困户识别方法上，第一，采取规模控制，按照区扶贫办要求，将贫困人口规模分解到乡镇；第二，以户为单位，综合考虑收入、住房、教育、健康、动用资产、劳动力、增收产业等方面评定；第三，通过民主评议、公示公告、逐级审核的方式，按照"农户申请、村民代表大会民主评议、村委会和驻村工作队核查公示、乡镇人民政府审核公示、县扶贫办复审公告、填写《扶贫手册》"的流程识别；第四，按贫困程度大小将贫困户分为A类（重度贫困）、B类（中度贫困）、C类（轻度贫困）；第五，如实甄别农民人均纯收入在2736元至3000元的贫困对象并作为贫困监测对象；第六，按民政部门提供的数据，对农村低保户加以识别。

同时，按"八步二公示一公告"评定原则，确定是否评为贫困户。

第一步，规模分解。由武隆区扶贫办将贫困户规模数分解到乡镇，再由乡镇分解到村（村民小组）。

第二步，初选对象。乡镇按照分解到村（村民小组）的贫困人口规模，在农户申请的基础上，各村召开村民代表大会，产生初选名单，由村委会和驻村工作队核实后公示，经公示无异议后报乡镇人民政府审核。

第三步，公示公告。乡镇人民政府对各村上报的初选名单进行审核，确定全乡（镇）对象户名单，在各行政村进行公示，经公示无异议后报县扶贫办复审，复审结束后返回行政村公告，同时，通过区人民政府门户网站等渠道公告，并报市扶贫办备案。

第四步，结对帮扶。区政府统筹安排有关帮扶资源，按照"突出重点、先难后易"的原则，研究提出对贫困户的结对帮扶方案，由扶贫办、乡镇人民政府、村委会和驻村工作队负责实施，明确结对帮扶关系和帮扶责任人。

第五步，制定计划。在乡镇人民政府的指导下，由村委会、驻村工作队和帮扶责任人结合贫困户的帮扶需求和实际，制定到户帮扶规划。

第六步，填写手册。在区扶贫办指导下，由乡镇人民政府组织，村委会、驻村工作队和大学生志愿者等对已确定的对象户逐户填写《户表》和《扶贫手册》。

第七步，数据录入。在区扶贫办指导下，乡镇人民政府组织村委会、驻村工作队在全国扶贫信息网络系统中录入《户表》和《扶贫手册》，并进行数据审核。《户表》和《扶贫手册》由国务院扶贫办统一监制，市扶贫办统一印制，区扶贫办发放，村委会、贫困户各执一册。

第八步，数据更新。贫困户信息要通过全国扶贫信息网络系统及时更新，实现贫困户动态调整。此工作由区扶贫办指导，乡镇人民政府负责组织村委会和驻村工作队完成。

二 精准扶贫精准脱贫历程

（一）2014年：建档立卡阶段

2014年，松树村开始对贫困户建档立卡，从图2-3可以看出，当年44户建档立卡贫困户分布在7个村民小组，其中，新房子组贫困户较为集中，为10户，约占总户数的22.73%，其次是龙洞湾组和松树组，均为8户，各占总户数的18.18%，这3组总户数达到了26户，约占总户数的59.09%，另有40.91%的贫困户分布在其他4个村民小组。

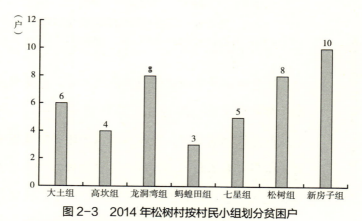

图2-3　2014年松树村按村民小组划分贫困户

资料来源：由《松树村2014年贫困户台账》整理得到。

从建档立卡贫困户的致贫原因来看，在 44 户贫困户中，缺资金致贫的贫困户最多，为 13 户，占贫困户总数的 29.55%，贫困户常年家庭收入较低导致既无生活改善资金，又无开展生产的启动基金，加剧了家庭贫困。其次是因病致贫的 12 户，这主要是伴随人口老龄化、医疗技术和设备的更新等，居民所承担的医疗费用逐年上涨，而基本医保难以减小群众因大病承担的重负。往往病倒一个，就塌下一个家。因病致贫返贫也因此成为亟待高度重视、系统解决的难题。

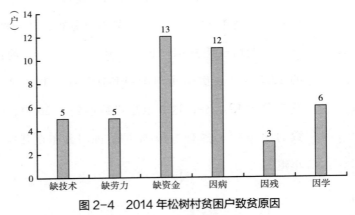

图 2-4　2014 年松树村贫困户致贫原因

资料来源：由《松树村 2014 年贫困户台账》整理得到。

从建档立卡贫困户的脱贫方式来看，主要采取产业带动、外出务工和低保兜底三种方式。其中，21 户贫困户采取产业带动的方式，松树村得益于距武隆区近的区位优势，主要经营养殖、加工红苕粉等基础性产业，方便了产品转化。另有 19 户贫困户采取外出务工方式脱贫，贫困户通过就近零散打工或在外地长期打工，增加农户家庭收入。对于自身发展动力不足、贫困程度深的 4 户贫困户，主要采取低保兜底的方式。

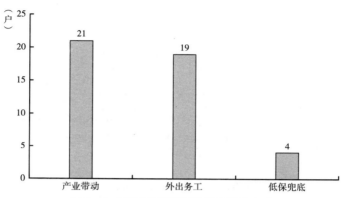

图 2-5　2014 年松树村贫困户脱贫方式

资料来源：由《松树村 2014 年贫困户台账》整理得到。

（二）2015 年：脱贫摘帽决胜阶段

2015 年，在全村的努力及武隆区、土坎镇政府的帮扶下，松树村完成了重庆市的市级摘帽脱贫任务。

1. 贫困户状况分析

2015 年，松树村在做好贫困户的动态调整工作基础上，共有 42 户建档立卡贫困户。就贫困户所在的村民小组来看，贫困户最多的是新房子组，共 10 户，占全年总贫困户的 23.81%，其次是松树组的 8 户，占总数的 19.05%，龙洞湾组为第三位，共 7 户，占比 16.67%，三个村民小组共占贫困户总数的 59.52%。

从建档立卡贫困户的致贫原因来看，42 户贫困户中，缺资金致贫的贫困户所占的比例最多，为 12 户，占当年贫

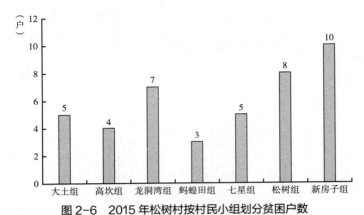

图 2-6　2015 年松树村按村民小组划分贫困户数

资料来源：由《松树村 2015 年贫困户台账》整理得到。

困户总数的 28.57%；其次是因病致贫的 11 户，约占总贫困户户数的 26.19%，这两种因素约占总贫困户的 54.76%；而因残致贫仅为 3 户，为最少组，约占总贫困户户数的 6.82%。

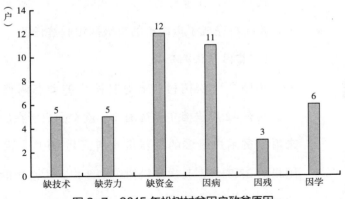

图 2-7　2015 年松树村贫困户致贫原因

资料来源：由《松树村 2015 年贫困户台账》整理得到。

从建档立卡贫困户的脱贫方式来看，贫困户依旧采取以产业带动和外出务工为主的脱贫措施，2015 年度共有

38 户通过上述两种扶贫措施，实现了脱贫；另有 4 户采取低保兜底方式脱贫。

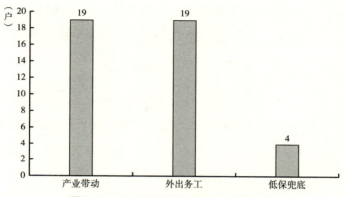

图 2-8　2015 年松树村贫困户脱贫方式

资料来源：由《松树村 2015 年贫困户台账》整理得到。

2. 脱贫摘帽情况

为完成重庆市市级层面的摘帽任务，2015 年松树村主要通过采取以下措施。

（1）注重产业规划，确保群众稳定增收。全村围绕乡村旅游主题，结合地理优势（处于全县规划的第一条乡村旅游带的大道上）、产业基础和发展条件，规划实施了四个产业项目，即发展特色林果 400 亩、种植油菜 500 亩、发展蜜蜂 200 群、发展农家乐 30 家，通过发展产业，及时带动群众增收，确保了增收渠道的稳定性和持久性。同时，松树村规划建设了农产品交易中心。

（2）全面实施水利项目，保证群众饮水安全。松树村总投资 44.57 万元，规划落实了 7 口 330 立方米水池和 28.6 公里管道的人饮水安全项目，解决了全村 1000 余人的饮水安全问题。

（3）改善交通条件，方便群众出行。在武隆区交通委员会的支持下，总投资 92 万元，改扩建及硬化了该村蚂蝗田至大土社道的 2 公里公路，解决了 530 人的通行难问题；此外，总投资 33.40 万元新建了该村高坎至柏林社道的 4 公里道路，方便了 500 人出行。

（4）完善公共服务设施建设，提升公共服务能力。该村总投资 60 万元新建了 750 平方米左右的村民活动中心，融合了卫生、社保、文化、计生等部门职责，进一步改善了村民办事环境。

（5）加强扶贫集团对接，争取专项扶贫资金。在扶贫规划的基础上，为进一步完善村基础设施，争取重庆市公安加强对松树村的扶持。一是争取到重庆市公安局专项资金 242 万元；二是重庆市公安局协调重庆市农业委员会和重庆市林业局补助了 1000 亩的优质经济林果；三是武隆区扶贫集团帮扶了深度贫困户 4 万元。

三　2016 年至今：扶贫巩固阶段

在完成 2015 年市级脱贫摘帽任务之后，2016 年共建档立卡 9 户 39 人，其中有 2 户为新识别贫困户，另外 7 户为 2015 年未脱贫户。9 户均为一般贫困户，从教育水平来看，除有 2 名具备高中、初中学历外，其余均为小学水平，文化素质偏低。从贫困户致贫原因来看，因残和因病致贫户数较多，均为 3 户，两者共占贫困户总户数的 66.66%，且因病致贫的 3 户中，均为长期慢性病，拖垮了整个家庭，加剧了贫困程度。而缺资金致贫、缺技术致贫和因学致贫的均为 1 户家庭。

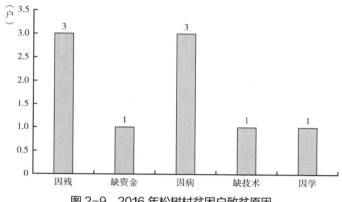

图 2-9　2016 年松树村贫困户致贫原因

资料来源：由《松树村 2016 年贫困户台账》整理得到。

从针对贫困户拟采取的脱贫方式来看，有 6 户贫困户采取产业带动的方式实现脱贫，约占全部贫困户的 66.67%，而采取外出务工、低保兜底和教育资助方式脱贫

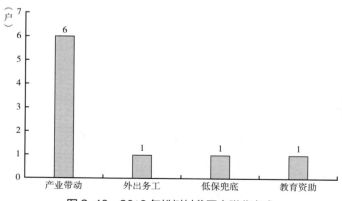

图 2-10　2016 年松树村贫困户脱贫方式

资料来源：由《松树村 2016 年贫困户台账》整理得到。

的各为 1 户。截至 2016 年 12 月，共有 7 户贫困户实现了脱贫，仍有 2 户贫困户未摆脱贫困。

2017 年，松树村又新增贫困户 2 户，加上 2016 年未脱贫 2 户，本年度共有 4 户 13 人为贫困群体。这 4 户贫困户中，有 2 户低保贫困户、2 户一般贫困户。其中，因学致贫 1 户、因残致贫 1 户、因病致贫 2 户。松树村对于因学致贫的 1 户家庭采取教育资助的方式脱贫，针对 1 户因残致贫的贫困户，家中也仅剩余 1 人，松树村只能采取低保兜底的方式让其摆脱贫困；针对剩余 2 户，松树村拟采用产业带动方式帮助脱贫。总体来看，2017 年松树村脱贫任务较轻，课题组有理由相信在积累了丰富的脱贫经验基础上，最后 4 户贫困户一定能如期实现脱贫。

第三节　松树村扶贫效果——基于调查问卷的分析

一　调研过程描述

2016 年 11 月 23 日上午，课题组一行两人前往武隆县进行调研。23 日下午与武隆县土坎镇松树村第一书记、驻村干部、村两委领导以及村民代表进行座谈，就松树村精准扶贫精准脱贫工作进行了交流，并收集了村级层面的相关资料，同时开展了村级问卷的第一次填报；24日上午，课题组成员两人前往土坎镇人民政府，与镇主要领导、扶贫干部进行座谈，就全镇开展精准扶贫精准脱贫工作进行了交流，并在乡镇层面收集精准扶贫精准脱贫相关资料；24日下午，与武隆县扶贫办、水务局、农业局、林业局、财政局、环保局、国土局、交通局等部门进行了座谈，围绕精准扶贫精准脱贫工作，从宏观层面进行交流，并收集了县级层面的精准扶贫精准脱贫方面的相关资料。

2017年1月8日至12日，课题组一行8人前往松树村进行农户问卷调研。根据精准扶贫精准脱贫百村调研项目办公室的总体要求，要科学抽取调研农户样本。整个调研划分为如下几个步骤：首先，经与该村驻村干部、村两委成员的多次讨论，最终确定30户建档立卡贫困户及30户非贫困户组成的调研样本；其次，由于山区农户居住分散，课题组成员分赴不同的村组进行入户调研。8位调研员分成4组，前往不同的村民小组，进行入户农户问卷填写；再次，每天晚上调研员都对当天完成的农户问卷进行认真自查，然后再交叉互检，尽可能保障问卷不存在遗留问题。最后，对问卷中发现的问题，一是及时打电话进行核对，二是与第一书记、驻村干部以及村两委成员进行核实。此外，在农户问卷调研期间，对第一次调研填报的村级问卷进行了完善。

2017年5月6日至8日，课题组一行两人再次来到武隆区进行调研。针对研究报告写作过程中发现的问题、缺少的资料、近期扶贫工作新特点等，主要与镇、村领导，以及村民代表分别进行座谈，以了解他们的思路及期盼，并补充收集相关的统计资料。

二 调研内容

精准扶贫精准脱贫百村调研的内容包括两个方面。

一是村级层面，调研的主要内容涵盖了村庄基本状况、贫困状况及其演变、贫困的成因、减贫历程和成效、脱贫和发展思路和建议等6项内容。通过村级问卷调研，可以了解村庄基本情况及其近年变化、了解村庄贫困情况及其近年变化、了解村庄治理情况，理解制度政策、村庄治理与村庄和农户发展之间的联系。

二是农户层面，调研的主要内容涵盖了家庭成员、住房条件、生活状况、健康与医疗、安全与保障、劳动与就业、政治参与、社会联系、时间利用、子女教育、扶贫脱贫等11项内容，通过农户问卷调查，了解住户人口、经济、生活、享受惠农政策等基本情况，了解贫困户的贫困状况、致贫原因以及贫困变化减缓情况，了解贫困户享受扶贫政策的情况及效果。

三 被访贫困户脱贫情况分析

按照课题组统一要求，本次"精准扶贫精准脱贫百村调研"国情调研特大项目子课题发放问卷60份，其中包含 30 份贫困户,以及 30 户非贫困户。经过数据整理,本报告将着重阐述 30 户贫困户的调查情况。

(一)致贫原因

在本次调查中,有 27 户为 2014 年建档立卡贫困户,3 户为 2015 年建档立卡贫困户。截至 2017 年 3 月,已有 29 户贫困户脱贫,仅剩余 1 户贫困户未达到脱贫条件。

从致贫原因来看,因病致贫和因残致贫所占比例较大,其中,16 户贫困户因病致贫,占调查问卷贫困户总数的 53%,若将因残致贫的 6 户贫困户也算作因病致贫行列,则被调查贫困户有约 2/3 属于因病致贫的贫困户。其次为因学致贫的 4 户,缺技术致贫的有 2 户,缺劳力和缺资金致贫各占 1 户。

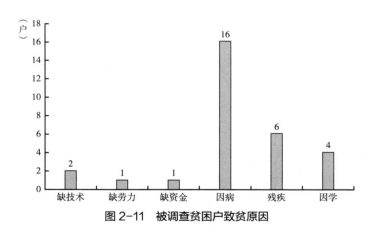

图 2-11　被调查贫困户致贫原因

由此表明,松树村多数由疾病或残疾导致家庭贫困,这也基本反映出我国扶贫工作中的一大难点,即"因病致贫、因病返贫相对突出", 成为当前社会救助面临的突出问题, 是脱贫攻坚战中比较艰巨的任务。根据全国人大调研的建档立卡数据, 2016 年全国包括少数民族地区在内的贫困人口中, 因病致贫的比例为 44%。这成为贫困地区, 特别是贫困山区难以摆脱贫困的最主要致贫原因。山区卫生条件落后, 且气候潮湿阴冷, 老年人容易患慢性疾病, 由于缺乏必要的医疗器械, 很多山区老人或病人基本难以得到正规医疗救助, 加剧了贫困程度。

（二）帮扶措施

在本次调查中, 30 户贫困户均接受了不同类型的帮扶, 通过重庆市、武隆区的对口帮扶, 多数贫困户找到了摆脱贫困的出路。其中, 28 户接受公共服务和社会事业帮扶,

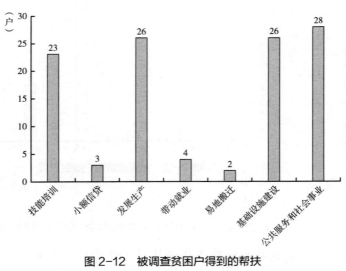

图 2-12　被调查贫困户得到的帮扶

主要是接受教育补助、医疗补助等。有 26 户均得到发展生产、基础设施建设的帮扶措施，23 户参加了松树村举办的各种技能培训，带动就业的 4 户，帮助 3 户贫困户申请到小额信贷，帮助 2 户贫困户实现了易地搬迁。

（三）参加技能培训情况

习近平主席在 2015 年减贫与发展高层论坛的主旨演讲中强调，"授人以鱼不如授人以渔"，扶贫必扶智，让贫困地区的农民接受专业知识、专业技能培训，是扶贫开发的重要任务，也是阻断贫困代际传递的重要途径。精准扶贫的实质是科学扶贫，目前，我国扶贫开发工作已经从单纯侧重物力资本投入转向同样重视人力资本投入。通过接受职业技能培训，提高劳动者职业素养和劳动技能水平，可以实现既扶贫又扶智的双重目标，增加脱贫机会。

2016 年，松树村共拨付专业补助资金 2050 元，用于生产技能培训。在被调查的贫困户中，有 22 户参加了农村实用技能培训，培训内容主要集中在与生产高度相关的种植业和养殖业，在培训形式上，主要采取短期制，一般为 2 天，多则 7 天。通过技能培训，多半贫困户实现了稳定就业。

表 2-1　被调查贫困户参加技能培训情况

类型	户数
劳动力转移就业培训	1
农村实用技能培训	22
贫困村致富带头人培训	1

（四）产业帮扶

产业扶贫是打赢脱贫攻坚战的有力举措。只有产业发展起来了，带动贫困群众素质能力提升了，"输血"变为"造血"，才能实现持续增收，从而彻底拔掉穷根。由于华阳村地形多为山地，产业发展只能依靠附加值较低的种植业和养殖业，高附加值的服务型产业不多。

2016年，被调查贫困户共接受产业帮扶资金73200元，通过资金扶持、产业带动和技术支持，实现了增产增收。其中，27户通过养殖业帮扶实现了增收，发展的产业主要是生猪养殖、养鸡、养蜂等；有12户通过种植业帮扶，改善了现有生活；被调查贫困户中仅1户通过发展低层次的农家乐的形式，发展服务业。

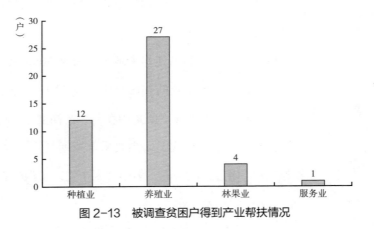

图2-13　被调查贫困户得到产业帮扶情况

（五）基础设施建设帮扶

松树村位于高原丘陵区，基础设施较为落后，这成为制约村民致富的重要原因。为改善村民生产生活条件，武隆区、土坎镇采取多种帮扶措施，极大地改善了松树村基础设施。其中，除自来水入户、电入户、沼气等满足村民生活必需的基础设施外，还包括小型水利建设、危房改造、牲畜圈舍、基本农田改造等村民生产性基础设施。在被调查的贫困户中，实现自来水入户 25 户、入户路 22 户、电入户 19 户，这 3 项为所调查贫困户得到基础设施建设帮扶最多的方式。

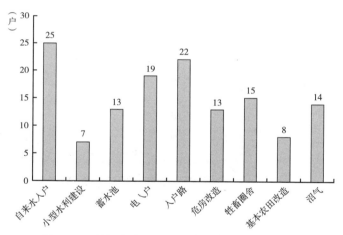

图 2-14　被调查贫困户得到基础设施建设帮扶情况

（六）接受各类补助情况

2014 年以来，被调查的 30 户贫困户均不同程度地接受了不同方式的政府补助，补助类型有教育补助、疾病补助、灾害补助、低保补助、五保补助和其他补助。2016 年，共接受各类补助 41.76 万元，平均每户被调查贫困户得到补助资金 13920 元。具体而言，2016 年，30 户被访贫困户共得到其他补助最多，为 128624 元，平均每户 4287元，这类补助主要有粮食补助、退耕还林补助、产业到户补助、重庆市公安局对口补助、森林补助和节日慰问补助；其次为教育补助，共得到补助 116350 元，平均每户 3878元；第三位是五保补助，共 67400 元，平均每户 2247 元；疾病补助和低保补助位于第四、第五位；灾害补助最少。

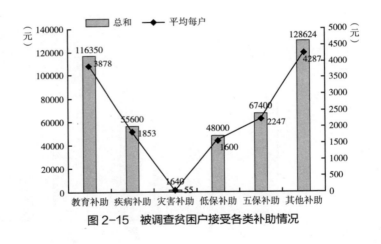

图 2-15　被调查贫困户接受各类补助情况

四　第一书记任职情况

选派机关党员干部到农村担任第一书记对于建强基层组织、推动精准扶贫、维护和谐稳定、提升治理水平等都有十分重要的意义。第一书记多为在地方政府、事业单位任职的年轻干部，具有足够的精力和对现实的把握能力，能够更为快速地对扶贫工作中出现的问题进行解决。调研中发现，松树村第一书记勤勤恳恳，一心扑在扶贫一线工作中，能够将所学理论及对实际问题的思考，转化到脱贫致富的道路中来，并且借助其在原有单位的资源，对贫困村和贫困户做出更具针对性的帮扶措施，可以说，第一书记为精准扶贫精准脱贫工作的顺利开展提供了重要的人力支持。

重庆市武隆区松树村第一书记自 2015 年 8 月到村任职以来，严格按照《武隆县贫困村扶贫驻村工作队管理办法》和《武隆县贫困村第一书记管理办法（试行）》的要求，吃在村、住在村、干在村，努力学习政策和基层工作经验，扎实开展调查摸底，团结村（支）两委干部，党务村务工作有序推进，扶贫攻坚工作顺利通过县上验收。调研发现，该村第一书记作为帮扶责任人联系两户贫困户，并走遍了 44 户贫困家庭。通过识别贫困户，诊断致贫原因，帮助贫困户制定了科学合理的脱贫计划，引入了扶贫资金，帮助贫困户想办法、谋出路，带领扶贫工作人员日夜奋战在脱贫第一线，得到了松树村村民，特别是贫困户的一致好评。归纳起来，第一书记主要在松树村脱贫攻坚工作中做了以下工作。

（一）抢抓机遇，扎实开展扶贫攻坚工作

1. 加强学习扶贫政策，努力提高工作能力

为掌握精准扶贫政策，加强对各项扶贫政策的学习，努力提高理论水平和实际操作能力。第一书记组织驻村工作队和村、组干部加强对《武隆县驻村工作队资料汇编》

以及县级部门文件的学习，正确理解各级领导的讲话精神；同时，参加市、县扶贫办组织的第一书记扶贫工作的培训；积极参加县扶贫办组织的到浙江学习乡村旅游和电子商务活动；按时参加县扶贫办组织的业务培训；并且组织村、社干部、群众代表到火炉镇学习产业发展经验。

2. 及时掌握贫困村情况，为精准扶贫打基础

为尽快熟悉整村情况，制定合理的脱贫规划，第一书记每天进村入户收集民情，经常召集村干部了解当前扶贫工作情况，组织召开各农业社的户长会，了解各农业社的实际情况，制定扶贫规划。为掌握各社的实际情况和农户的需求，同村社干部一起到各个社实地制定产业扶持、交通网络建设、人畜饮水完善、农田灌溉等脱贫"销号"规划。

为进一步掌握贫困户情况，第一书记入户调查摸底，了解贫困户困难现状，根据家庭现状和"六个一批"的政策为各贫困户制定了脱贫计划，其中：产业扶持39户，搬迁安置1户，低保兜底两户，35户贫困户脱贫。

3. 严格市县政策要求，协助村制定扶贫规划

按照村"建八有"、贫困户"解八难"的总体要求和群众实际需要，和村社干部完善村脱贫"销号"规划，全村共有扶贫规划项目28个，投资1369.57万元，其中财政专项扶贫资金200万元，行业整合新增量资金769.76万元，存量资金155.81万元，市公安局对口扶贫242万元。

（1）注重产业规划，解决群众稳定增收难问题。围绕乡村旅游这一主题，结合地理优势（松树村正好处于武隆

区规划的第一条乡村旅游带的大道上）和该村的产业基础和发展条件，规划实施五个产业项目：一是发展特色林果400亩；二是种植油菜500亩；三是发展蜜蜂200群；四是发展农家乐30家；五是贫困户产业精准扶持。

（2）合理规划人饮安全项目，解决全村安全饮水难问题。规划落实了7口330立方米水池和28.6公里管道的人饮安全项目，解决松树村1477人的饮水安全问题。

（3）改善交通条件，解决群众出行难问题。一是硬化松树村蚂蟥田至大土社道公路2公里；二是新建松树村高坎至柏林社道公路4公里；三是改扩建七星环线公路3.5公里；四是新建人行便道8公里。

（4）完善阵地建设，解决群众公共服务难问题。新建村民活动中心750平方米左右，融合卫生、社保、文化、计生等部门职责，进一步改善村民办事环境，提升公共服务水平。

4. 加强与扶贫集团对接，争取专项扶贫资金

为进一步完善村上基础设施建设，在市县扶贫资金扶持的基础上，第一书记争取市公安局专项扶持资金242万元，用于建设蚂蟥田农副产品交易中心、新大桥盖板涵2座、农家乐发展资金20万元和贫困户扶持资金22万元，按每户5000元给予产业和改善居住环境的扶持。

5. 团结村（支）两委干部，扶贫项目有序推进

在扶贫规划后，第一书记及时加强与项目对应部门沟通，进一步统一村社干部和党员思想，充分宣传发动群众参与，严格"一事一议"制度，建立项目监督管理制度和

群众义务监督制度，在交通、饮水、产业发展等扶贫项目上做到了真正的有序推进。

（二）求真务实，创新推进党务村务工作

1. 加强党员干部队伍的建设与管理

为进一步增强党组织的凝聚力和战斗力，充分发挥党员的先进性和先锋模范作用，甩掉后进支部的"帽子"，第一书记在较短时间内摸清了党组织的基本情况：全村有党员39名，常年外出党员5名，老龄党员12名，病残党员2名；同时，遍访支委成员、退休老干部并进行谈话、交心，掌握党员的思想动态；与村支部书记制定党员"素质提升"和后备干部"双培双带"的方案；此外，坚持"三会一课"，组织党员上党课两次，开展党员民主测评1次，党组织活动1次；配齐了本土大学生挂职人才；并且积极实施了村民事务由村委代办制度。

2. 进一步完善和规范制度建设

一是规范执行"一事一议"、四议两公开、村务公开等制度；二是建立了村容村貌管理制度、民主决策、民主管理、民主监督制度和村规民约；三是建立了农村"三资"管理监督和收益分配制度；四是建立了项目公示制度、建设项目义务监督员监督制度。

3. 强化扶贫项目监督管理

为了加快推进扶贫项目建设工作，建立了网格化的监督机制：一是和村（支）两委干部成立了扶贫项目监督小组，负责项目的落地、项目的推进、项目的建设质量等；

二是每个扶贫项目设一个监督小组，分别由驻村工作成员、村委会成员、涉及农业社的社长组成；三是建立义务监督制度，在涉及的农业社由群众自发组织轮班制对施工项目进行现场质量监督。

4. 加强基层党风廉政建设

一是不存在第一书记和驻村工作队在承包工程中"吃、拿、卡、要"等现象；二是村（支）两委干部未在本村范围内承包工程；三是在项目的实施过程中严格按"三严三实"的要求，不存在"请吃""拿红包"等现象。

5. 进一步规范党务村务公开及公示

在扶贫工作推动中，第一书记严格落实"四议两公开"，发挥村务监督委员会的作用，对整个扶贫攻坚工作进行了公开公示：一是及时公开了扶贫项目及扶贫资金的使用情况；二是及时公开驻村工作队和第一书记的情况和联系方式；三是及时公开新一轮扶贫攻坚工作的优惠政策；四是公开扶贫集团帮扶贫困户的情况；五是公开贫困户的帮扶干部、帮扶措施等。

6. 加强政策宣传引导

为充分发动干部群众的积极性、营造良好的氛围，加强了宣传工作：一是组织驻村工作队、村（支）两委干部、党员、群众代表会议，加强政策的宣传、扶贫项目的公开、资金的使用等情况；二是召集贫困户4次，宣传精准扶贫、产业扶持等相关政策；三是及时更新村务公开栏，将驻村工作队、党支部、扶贫项目规划及资金使用情况公示；四是悬挂宣传标语20余幅，制作4张展板，将扶贫信息和扶贫成果加以展示。

7. 注重素质提升和培训工作

第一书记开展了政策咨询培训，开展了贫困户政策培训 4 次，176 人次参与；进行了党员、干部、群众代表政策宣传 2 次，130 人次参与。聘请了县上技术人员、镇上专业技术员、"土专家"等开展了脆桃种植、生猪养殖、蜜蜂养殖、农家乐发展等 4 次实用技术培训，共培训 287 人次。

（三）努力学习，不断提升自身综合素质水平

为尽快适应农村最基层的工作环境，以最快的速度由机关工作身份转变为"第一书记"身份，其始终把努力提升自身综合素质作为重中之重，不断加强学习，不断增强责任意识，不断锤炼严谨的工作作风。

1. 不断加强学习，努力提高政治理论水平

"学而不思则罔，思而不学则殆。"作为刚到基层的"第一书记"，面临"能力危机"和"本领恐慌"，只有不断学习新知识，掌握新本领，开阔新思路，才能牢牢抓住工作的主动权，才能更好地为人民服务，做好"第一书记"的本职工作。一是加强学习扶贫攻坚的相关政策；二是向基层老党员、老干部学习基层工作经验；三是加强学习和熟习基层党组织的工作内容。

2. 不断强化责任意识，切实履行岗位职责

"第一书记"作为党组织决策的执行者和维护者，自觉增强服从意识，把上级的精神和领导的要求贯彻好、落实好。优秀公安局局长任长霞曾言："凡事要做就做到最

好。"要像任长霞那样，对事业执着追求，以良好的精神状态，恪尽职守，爱岗敬业，切实履行好"第一书记"的岗位职责。

3. 按照"三严三实"的要求，锤炼严谨的工作作风

按照"严以修身、严以用权、严以律己，谋事要实、创业要实、做人要实"的要求，作为最基层的"第一书记"，严格按照这一要求，保持谨慎的工作态度，对任何工作和任何事情都经过反复斟酌，仔细考虑后再实施。在日常工作和生活中，仍然保持谦虚谨慎，为人处世真诚，时时处处保持一颗平常心，用良好行为树立良好的形象。

五 扶贫效果满意度分析

本次问卷（样本共 60 户，其中 30 户贫困户、30 户非贫困户）对扶贫效果的调查主要有三个问题，分别是"政府为本村安排的各种扶贫项目是否合理""本村贫困户选择是否合理""本村扶贫效果评价打分"等。在"政府为本村安排的各种扶贫项目是否合理"问题中，被访贫困户认为很合理的有 29 户，占总被访贫困户的 96.7%，60 户被访户中认为很合理的共 50 户，占总调查户数的 83.3%；而觉得比较合理的贫困户和调查户分别有 1 户和 8 户，占对应调查户数的 3.3% 和 13.33%。

总体而言，为松树村安排的各种扶贫项目基本合理，符合松树村的发展需求和农民的增收需要，松树村所采取的扶贫项目是得人心、顺民意的，基本实现了预期脱贫目标。

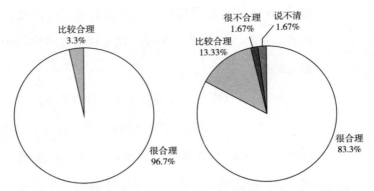

图 2-16 "政府为松树村安排的各种扶贫项目是否合理"调查结果

注：左图为 30 户贫困户，右图为 60 户调查户。

针对"本村贫困户选择是否合理"，被访贫困户认为很合理的有 29 户，占总被访贫困户的 96.67%。所调查的 60 户农户中，认为贫困户选择很合理的有 49 户，占总调查户数的 81.67%；认为贫困户选择比较合理的有 8 户，占总调查户数的 13.33%；而认为不太合理或者很不合理的分别为 2 户和 1 户，约占总调查人数的 3.33% 和 1.67%。由此可知，松树村在对贫困户的选择上，认定程序和选择标准基本符合村民意愿。

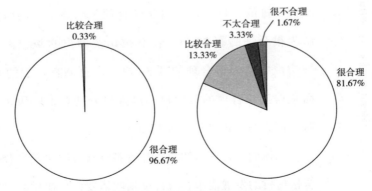

图 2-17 松树村"贫困户选择是否合理"调查结果

注：左图为 30 户贫困户，右图为 60 户调查户。

在"本村扶贫效果评价打分"问题的调查上,被访贫困户认为很好的共 24 户,占被调查贫困户总数的 80%,认为比较好的有 4 户,占比 13.33%,而认为扶贫效果一般的有 2 户。在 60 户总样本中,认为本村扶贫效果很好的有 46 户,占总调查户数的 76.67%;认为比较好的有 10 户,占总调查户数的 16.67%;而认为本村扶贫效果一般的有 3 户,占总调查户数的 5.00%。结果显示,村民对于本次扶贫效果的认可度较高,认为此轮扶贫攻坚工作确实解决了农民的贫困问题,取得了良好效果。

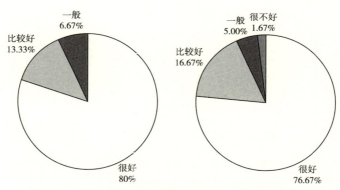

图 2-18 松树村扶贫效果评价打分调查结果

注:左图为 30 户贫困户,右图为 60 户调查户。

第三章

松树村精准扶贫精准脱贫
五大工程

近年来，松树村在各项扶贫政策支持下，采取了"镇政府领导、群众为主、科学规划、项目帮扶、产业推动、能人带动、整村推进"的脱贫推进措施，经过精心组织、扎实工作、科学指导，整村脱贫推进工作取得了明显的成效，有效地促进了松树村经济社会的全面发展，增强了贫困户自我发展的能力。松树村村民对于扶贫工作取得的成效，反响良好。

第一节 基础设施工程

一 道路硬化及改扩建工程项目

2005 年，国务院审议通过的《全国农村公路建设规划》和 2011 年党中央、国务院印发的《中国农村扶贫开发纲要（2011—2020 年）》，对 21 世纪前 20 年农村公路建设做出了总体部署，即"到 2020 年，实现具备条件的乡镇和建制村通沥青（水泥）路，实现村村通班车"。2015 年印发的《中共中央 国务院关于打赢脱贫攻坚战的决定》再次重申了这一目标。2016 年中央 1 号文件要求"加快实现所有具备条件的乡镇和建制村通硬化路、通班车，推动一定人口规模的自然村通公路。创造条件推进城乡客运一体化"。由于我国地域广阔，各地公路发展基础差异较大，农村公路建设起点低，很多地区特别是贫困山区的农村公路还难以满足人民群众的需求。

2015~2016 年，松树村先后四次对村内部分路段进行了改扩建和硬化工程，共得到来自区交通委员会、区农业委员会、区公安局、区扶贫开发办公室、区发展和改革委员会等部门的帮扶资金 443 万元，其中，财政专项扶贫资金 48 万元、行业部门整合资金 395 万元。直接受益人口达 1477 人，取得了良好的经济和社会效益。

表 3-1　2015~2016 年松树村道路改扩建及硬化工程

单位：万元

年份	项目名称	资助单位	资助金额	备注
2015	改扩建硬化蚂蟥田至大土社道公路	区交通委牵头，区公安局、区扶贫办、区发改委协作	140	共 2.39 公里，解决了 500 人的交通不便问题
	土坎镇松树村新建人行便道工程	区农委牵头，土坎镇政府、区公安局协作	48	新建人行便道 8 公里，720 人直接受益
2016	土坎镇松树村老大桥改扩建工程	市公安局牵头，区扶贫办、区公安局协作	40	改扩建桥梁 1 座，510 人直接受益

资料来源：由《土坎镇松树村规划表》整理得到。

图 3-1　松树村基础设施建设

（松树村提供）

二　人饮工程项目

解决农村饮水安全问题，让群众喝上干净、方便、放心的水，不仅仅有利于保障农民群众身体健康，更体现了广大农民共同的迫切要求，也是社会主义新农村建设、美丽乡村建设的重要内容。2005年起，国家就已经开始启动农村饮水安全应急工程。由于该区域高山、丘陵、平坝交错，地形地貌复杂，气候条件差异甚大，高山地区降雨丰富，丘陵山区相对较少，水资源分布极不平衡。

为改善松树村饮水条件，实现农民饮水安全，保障农民生活权益。2015年，武隆县税务局牵头，土坎镇政府、县公安局协作规划了人畜饮水、小型水利项目6项，新建6口水池，建设6公里水渠，投入资金149万元，使1346人受益，涉及贫困人口190人。

表3-2　2015年松树村人饮工程

单位：万元

序号	项目名称	资助金额	备注
1	土坎镇七星板栗垱水池新建工程	8	新建水池1口，安装水管2公里，容积100m³，直接受益人口80人
2	土坎镇七星郑家湾水池新建工程	8	新建水池1口，安装水管2公里，容积100m³，直接受益人口100人
3	土坎镇蚂蝗田新干子水池新建工程	8	新建水池1口，安装水管2公里，容积100m³，200人直接受益
4	土坎镇龙洞湾水池	10	新建水池2口，安装水管2公里，容积120m³，直接受益人口200人
5	土坎镇松树小电站取水源水池新建工程	10	新建水池1口，安装水管2公里，容积40m³，500人直接受益
6	土坎镇松树村农堰维修整治工程	105	新建水渠6公里，直接受益人口680人

资料来源：由《土坎镇松树村规划表》整理得到。

图 3-2　松树村人饮工程

（松树村提供）

三　公共服务设施改建工程项目

2005 年，党的十六届五中全会提出了实现"农村公共服务均等化"的重要命题；2006 年，中共中央、国务院下发了《关于积极发展现代农业，扎实推进社会主义新农村建设的若干意见》，提出把发展现代农业作为社会主义新农村建设的首要任务，强调各级政府要切实把基础设施建设和社会事业发展的重点转向农村。

加强公共服务设施建设对于建设惠及十几亿人的小康社会来说意义重大，一个国家的兴盛，不是城镇生活富足，在农村公共服务上却表现匮乏。贫困地区由于受到历史、经济等因素影响，公共服务设施建设一直相对落后于其他地区，加强贫困地区公共服务设施工程建设，对于加强基层党支部建设、团结凝聚广大农民具有重要意义。

图 3-3　松树村在建便民服务中心效果对比

（左图王宾摄，2017 年 6 月；右图松树村提供）

松树村原来的村民活动室面积小且设备陈旧，根本不能满足村民的文化生活需要。2017 年 6 月，课题组第四次调研时，松树村便民中心已投入使用，该中心总投资 150 万元，其中，财政扶贫专项资金补助 60 万元，重庆市公安局帮扶资金 80 万元，群众投劳折资 10 万元。现在的村便民服务中心大大丰富了村民的文化生活，公共服务水平也迈上了更高的台阶。

第二节　高山生态扶贫搬迁工程

开展易地扶贫搬迁，是党中央、国务院做出的重大部署，是推进供给侧结构性改革、补齐贫困地区发展短板、打赢脱贫攻坚战的重要抓手，是解决"一方水土养不好一方人"问题的根本之策。必须清醒认识到，易地扶贫搬迁不是简单的人口空间转移，而是一项牵涉方方面面的系统工程。搬迁只是第一步，衡量易地扶贫搬迁工作的质量如何，既看是否搬得出，还看能否稳得住、逐步致富。

在前一阶段取得积极进展的基础上，做好当前和今后一个时期易地扶贫搬迁工作，关键要树立系统推进、精准施策的理念，抓住工作重点、明确着力要点，注重因地制宜，严格执行政策，加大帮扶力度，防控风险隐患，积极探索创新。松树村地处喀斯特高原丘陵区，位置偏僻，山区面积广大，且部分贫困户居住在山区。加之居住在山区的多位老年人，对于故土的依恋及固有的情结，不愿意或者不接受搬迁，给山区易地搬迁工作带来了较大困难。

图3-4 松树村D级危房改造对比

（松树村提供）

为解决这一难题，松树村在市、区、镇的领导下，自2014年起，就加大了高山生态扶贫搬迁工作。2015年，由武隆县发展和改革委员会、武隆县扶贫开发办公室和区城乡建设委员会牵头，土坎镇政府、县公安局协作的土坎镇高山生态扶贫搬迁基础工程农户建房项目，得到了行业部门的整合资金 56 万元，直接受益人口 80 人，惠及贫困人口 20 人，共新建房 10 间 500 平方米，改造旧房 10 间 300 平方米。其中，集中安置 5 户贫困户 20 人，分散安置 5 户贫困户 20 人。

第三节　产业帮扶工程

经济学家阿马蒂亚·森认为：发展意味着消除贫困。目前，对于我国贫困地区来说，产业发展的方式有很多，将产业扶贫作为一个重点是各地为摆脱贫困所做出的重要选择。产业扶贫可以帮助贫困地区解决生存和发展问题。这些贫困地区一直以来靠传统农业都没有解决温饱问题，救济式扶贫也不能解决根本问题，而产业扶贫可以使这些地方的贫困人群实现由"输血型"脱贫向"造血型"脱贫的转变。实践证明，产业扶贫是解决生存和发展的根本手

图 3-5　松树村油菜产业

（松树村提供）

段，是脱贫的必由之路。

松树村根据自身发展优势及地域特色，2015年和2016年共投入资金125.6万元，用于特色林果、乡村旅游等4项产业项目，直接受益人口1477人，其中，贫困人口193人，具体见表3-3。

表3-3　松树村产业发展情况

单位：万元

序号	项目名称	资助单位	资助金额	备注
1	土坎镇松树村特色林果栽植项目	区农委、区林业局牵头，土坎镇政府和区公安局协作	20	种植400亩，市场带动主体1个，直接受益人口520人
2	土坎镇松树村农家乐项目	市公安局牵头，土坎镇政府和区扶贫办协作	65	共30户，市场带动主体1个，直接受益人口70人
3	土坎镇松树村油菜种植项目	区农委牵头，土坎镇政府和区公安局协作	10	共400亩，市场带动主体1个，830人获得直接受益
4	土坎镇松树村蜜蜂养殖项目	区农委、区畜牧局牵头，土坎镇政府和区公安局协作	2	共200桶，市场带动主体1个，直接受益人口40人
5	土坎镇松树村贫困户产业到户工程	市公安局牵头，土坎镇政府和区扶贫办协作	28.6	直接受益人口1477人

资料来源：由《土坎镇松树村规划表》整理得到。

第四节　实用技术培训项目

近年来，党中央高度重视"三农"问题，始终将其作为关系民生工作的重大问题来抓，"三农"问题的有效解决将直接关系到全面建设小康社会宏伟目标的实现。而"三农"问题的核心是农民问题，具体表现在农民的收入低、增收难、素质低，城乡居民收入差距大，贫富差距大。要想提高农民的收入，就要切实提高农民的科学文化水平、思想道德水平，增强市场经济观念。在科学文化水平环节上，其最直接的表现就是农业实用技术的掌握和应用。对农民进行培训是最有效的切入点，农民是农村经济发展的主力军，农民的素质特别是科技素质是农村发展的关键因素。大力开展农业实用技术培训、提高农民科学素质，使之与农业和农村经济的发展相适应，是农业发展的迫切要求。

根据松树村实际情况，2015 年，由县扶贫办牵头，土坎镇政府和县公安局协作的土坎镇农民培训工程，共开展200 人次实用技术或转移培训，投入财政专项扶贫资金 4 万元，直接受益人口 200 人，惠及贫困人口 50 人。

图 3-6 松树村劳动力实用技术培训

（松树村提供）

第五节　高标准基本农田建设工程

高标准基本农田建设，是指以建设高标准基本农田为目标，依据土地利用总体规划和土地整治规划，在农村土地整治重点区域、重大工程、基本农田保护区，基本农田整备区等开展的土地整治活动，并通过农村土地整治建设形成集中连片、设施配套、高产稳产、生态良好、抗灾能力强，与现代农业生产和经营方式相适应的基本农田。建设高标准基本农田，是实现耕地数量管控、质量管理和生态管护目标，促进粮食安全、经济安全和生态安全有机统一的有效抓手，也是推动土地利用管理方式转变的重要途径。能够有效解决耕地分割细碎、水利设施短缺、质量较低和农田环境恶化等问题，增强农业抗灾能力，提高粮食综合产能，提升粮食安全保障能力。

武隆县国土房管局 2014 年 7 月开工实施的土坎镇关滩村等 4 个村农村建设用地复垦项目和土坎镇清水村等 2 个村农村建设用地复垦项目，涉及松树村农户 21 户，土地面积 8.748 亩，该项目于 2014 年 12 月竣工，2015 年 9 月通过市级竣工验收并申请地票交易，2016 年 5 月完成交易，11 月补偿款直拨到位，共支付农户补偿款 113.2478 万元。

2015 年 12 月，区房管局向重庆市国土房管局申报了松树村高标准基本农田全面建设整理项目，该项目总建设规模 211.20 公顷，其中，涉及松树村 107.50 公顷。总投资预算 1471.19 万元，并已开工建设。

第四章

松树村精准扶贫精准脱贫
两大模式

2017 年 11 月 1 日，国务院扶贫办发布消息称，全国又有 9 个省区市的 26 个贫困县顺利通过国家专项评估检查，将由省级政府陆续批准退出贫困县，这是脱贫攻坚以来，贫困县首次集中脱贫摘帽。加上 2016 年已经率先通过国家专项评估检查的江西省井冈山市和河南省兰考县，全国已经有 28 个贫困县脱贫摘帽。其中，重庆市武隆区正是 2017 年集中脱贫摘帽的一个，通过实地调研分析，松树村之所以能够顺利通过国家专项验收，最主要的原因在高山生态扶贫搬迁和产业扶贫两种模式上。为此，本章将注重介绍这两种脱贫模式。

第一节　高山生态扶贫搬迁模式

一　生态扶贫的内涵

　　当前，我国扶贫开发已进入啃硬骨头、攻坚拔寨的冲刺期，剩下的贫困人口贫困程度较深，特别是一些地方生态环境脆弱，减贫成本高、脱贫难度大。《中共中央　国务院关于打赢脱贫攻坚战的决定》指出，把生态保护放在优先位置，扶贫开发不能以牺牲生态为代价，探索生态脱贫新路子，让贫困人口从生态建设与修复中得到更多实惠。贯彻落实中央精神，必须创新生态扶贫的思路和办法，让贫困地区尽快实现"穷貌"换"新颜"。对于居住在生存条件恶劣、生态环境脆弱、自然灾害频发地区的贫困人口，应实施易地扶贫搬迁，帮扶移民挪穷窝。应因地制宜选择搬迁安置方式，特别是注重完善搬迁后的扶持措施。

　　实施高山生态扶贫搬迁是贫困人口摆脱贫困的有效措施，是改善区域生态环境的好抓手，是提高扶贫开发效率的好途径，是建设新农村、推进城乡一体化的好举措，各级党政主要领导要把高山生态扶贫搬迁工作作为一项重要政治任务，切实抓紧抓好。重庆市针对山区面积大的现实，先后提出了多种应对生态扶贫搬迁的政策举措。高山生态扶贫搬迁针对的搬迁对象往往是居住在深山峡谷、高寒边远地区，生产生活极为不便、生存环境十分恶劣的；居住地属重要生态修复保护区，根据规划必须搬迁的；居住地的水、电、路、通信等基础条件难以完善，建设投资大且效益不好的。这三种情况下的贫困户将享受到高山生态扶贫搬迁政策支持，通过转户进城安置、梯度转移安置、旅游服务业安置和"五保"集中供养安置等方式展开。

二 武隆区高山生态扶贫实施方案

（一）武隆区高山生态扶贫政策

重庆集大城市、大农村、大山区、大库区及民族地区于一体，渝东北、渝东南地区地处秦巴山区和武陵山区，喀斯特地貌分布较广，大部分贫困群众还生活在海拔1000米左右的高寒边远山区、深山陡坡区和石山区、地质灾害频发区和煤矿采空区，生产生活环境极为恶劣。[①] 武隆区高度关注生态扶贫工作，按照"五个决不能"和"六个更加"的要求，坚持生态搬迁、生态修复和环境综合整治同步推进。首先，实施了生态修复工程。通过高山生态扶贫搬迁和修复工程，加快推进了水域消落带和耕地石漠化治理。其次，实施了育林护林工程。推进城周、荒山、道路、水系等绿化，新完成20万亩营造林计划任务，全区森林覆盖率达到62%以上。最后，实施了环境综合治理工程。完成42个村的环境综合整治，确保农村环境综合整

[①] 刘戈新：《重庆深入推进高山生态扶贫搬迁》，《中国扶贫》2015年第8期。

治率达到 100%。

同时，武隆区采取了扶贫搬迁攻坚行动。全面完成规划安置点建设和 3.96 万人的生态扶贫搬迁任务，兜底完成 291 户无房、窝棚、危房深度贫困农户搬迁安置任务。一是加快集中安置点建设。加快实施剩余的 47 个搬迁安置点建设，确保 2015 年全面完成市、县级安置点建设任务。二是加快贫困群众搬迁安置。针对实施生态扶贫搬迁的困难群体，除以提高补助标准、小额贷款贴息、社会结对帮扶等办法提供财政补贴外，通过企事业单位联系、干部结对帮扶等方式，确保具有搬迁条件和意愿的贫困农户应搬尽搬。三是加快实施安稳致富工程。建立搬迁对象监控、回访机制，强化创业就业扶持，妥善解决搬迁建房、公共服务、就业创业和后续发展问题，逐步实现"搬得出、稳得住、逐步能致富"的目标。短时间内无法实现脱贫的贫困人口，按照"不脱贫不脱钩，脱贫后送一程"的原则，加大帮扶力度直至其完全脱贫。

（二）武隆区高山生态扶贫实施方案

根据国务院易地扶贫搬迁工作电视电话会议精神，按照国家发改委等五部门《关于印发"十三五"时期易地扶贫搬迁工作方案的通知》（发改地区〔2015〕2769 号）和市政府《关于印发重庆市"十三五"高山生态扶贫搬迁实施方案的通知》（渝府办〔2016〕3 号）要求，为统筹推进高山生态扶贫搬迁工作，武隆区加快了高山生态扶贫搬迁的工作进度。

1. 搬迁对象与安置方式选择

按照国家、市上要求,"十三五"高山生态扶贫搬迁对象主要是居住在高寒边远山区的农村建卡贫困人口。"十三五"时期规划实施1.35万农村建卡贫困人口搬迁,其中,2016年搬迁5116人、2017年搬迁8384人。各乡镇可结合实际情况,同步实施非建卡贫困人口搬迁。在安置方式的选择上,根据搬迁对象意愿,统筹考虑水土资源条件和城镇化发展水平,采取集中与分散相结合的安置方式。其中,集中安置主要包括进城(集镇)安置、梯度转移安置、依托农民新村安置、依托小城镇或工业园区安置、依托乡村旅游区安置、"五保"集中供养安置等;分散安置主要包括"插花"安置、投亲靠友等。

2. 建设内容和补助标准

武隆区围绕改善搬迁对象生产生活条件和发展环境,建设安置住房和相关附属设施,以及水、电、路、气、网等生产生活设施,配套建设教育、卫生、文化体育等公共服务设施,以及安置区域交通、水利和后续产业发展等基础设施。建卡贫困户人均安置住房建房面积不超过25平方米,其他搬迁对象根据自身经济条件自行确定合适建房面积,原则上不得超过3层,总高度不超过12米(含风貌),安置住房占地面积人均不得超过30平方米(3人及3人以下户按3人计算,4人户按4人计算,5人及5人以上户按5人计算),另房屋占地、公共设施、公益事业及附属设施用地面积总和人均不得超过50平方米,坚决防止盲目攀比扩大住房面积。

在补助标准发放上，武隆区对搬迁农户实施建房补助，建卡贫困户的建房补助标准不低于 8000 元 / 人，资金来源为中央预算内投资和市财政对建卡贫困人口差异化补助资金。非建卡贫困户搬迁补助在有资金来源的情况下给予适当补助，标准由各乡镇自行制定，资金来源为市级对非建卡贫困户补助资金和其他资金。乡镇按标准将安置房补助兑现给农户后，余下资金由所在乡镇统筹用于搬迁安置配套基础设施建设。

3. 资金来源

武隆区"十三五"高山生态扶贫搬迁资金渠道主要包括国家对建卡贫困人口搬迁中央预算内投资补助、市财政对建卡贫困人口差异化补助、国家专项建设基金、地方政府债券、长期贷款、整合相关涉农资金、农户自筹。而非建卡贫困户搬迁所需建房资金主要由农户自筹解决，在补助资金有保障的情况下，可适当补助建房资金；安置区基础设施可一并统筹规划和建设。

4. 信贷资金运作

由于武隆高山生态扶贫搬迁实行统一承贷，所以，市级承贷主体为重庆兴农资产经营管理有限公司（以下简称"市兴农资产公司"）。区级高山生态扶贫搬迁承贷主体为武隆县城乡发展（集团）公司。在融资规模上，以市上下达的高山生态扶贫搬迁具体投资额度为准。在运作模式选择上，武隆按照国家和市上要求，高山生态扶贫搬迁投融资采取"统承统贷统还"的运作模式。由市兴农资产公司与区政府、区城乡发展（集团）公司签订三方协议，协议明确由市兴农资产公司委托武隆区实施主体代建项目，区政府向兴农资产公司购买服务。

（1）统承。市兴农资产公司统一承接国家专项建设基金和地方政府债券，作为项目资本金；区城乡发展（集团）公司统一承接市兴农资产公司项目资本金。

（2）统贷。政策性贷款由市兴农资产公司根据全县需求统一向市农发放贷款，按照融资规模以项目建设资金方式下达，由区城乡发展（集团）公司按照本地规划和年度实施方案将资金落实到项目上。

（3）统还。区政府通过购买服务方式按年度将需要偿还的承贷本息（含专项建设基金、地方政府债券、长期贷款）支付给市兴农资产公司，由其统一还贷（地方政府债券归还市财政，由市财政统一偿还；专项建设基金、长期贷款分别归还相关银行）。

（4）项目实施主体可依据全市地票交易年度最低保护价，与符合复垦条件的搬迁农户协议采取提前预付、收购地票收益权等多种方式，将承贷资金落实到搬迁农户，帮助满足其建房资金需求。地票交易资金纳入还贷来源。

（5）区城乡发展（集团）公司所承担的高山生态扶贫搬迁业务应与其他业务物理隔离、独立封闭运行，严格用于高山生态扶贫搬迁住房和安置区配套设施建设，严禁截留挪用。

在还款来源方面，一是符合复垦条件的搬迁农户腾退宅基地复垦产生的地票收益；二是区政府统筹上级相关专项资金、地方财力等；三是中央财政及市财政专项扶贫资金贴息。

5. 政策措施保障

武隆区集各方之力共同推动脱贫攻坚工作顺利开展。在财政和投资政策上，中央财政对符合条件的高山生态扶贫搬迁长期贷款给予90%贴息。市财政专项扶贫资金对建卡贫困户搬迁建房贷款给予10%贴息。市农委对每个集中安置点补助特色产业资金10万元以上。市扶贫办对搬迁贫困户发展乡村旅游和特色产业给予专项资金补助。对口帮扶资金60%以上用于高山生态扶贫搬迁。鼓励整合相关涉农资金统筹用于安置区配套基础设施建设。

在金融政策上，全面落实国家易地扶贫搬迁投融资政策措施。鼓励金融机构通过扶贫小额信贷、农村产权抵押融资等，支持高山生态扶贫搬迁后续产业发展，为符合条件的搬迁对象提供贴息贷款支持。在土地政策上，充分运用计划、拆旧建新项目周转、增减挂钩等指标优先保障高山生态扶贫搬迁工程用地需要。优先开展建卡贫困户搬迁宅基地复垦并优先上市交易，地票融资成本结余不再从建卡贫困户地票收益中扣除。引导和鼓励高山生态扶贫搬迁群众有序流转土地经营权，探索"搬迁农户流转、政府平台整治、社会资本租用"的土地流转模式。

6. 严格的组织实施有利保障各项工作有章可循

（1）明确职责。高山生态扶贫搬迁在县扶贫开发领导小组的领导下组织实施。县级相关部门各司其职、各负其责，齐抓共管、合力攻坚，共同做好高山生态扶贫搬迁各项工作。县发改委负责高山生态扶贫搬迁日常工作，统筹推进高山生态扶贫搬迁工作；会同县级相关部门编制规划、制定年度方案和年度实施计划，制定项目和资金管理办法，分解下达年度实施计划和投融资计划，协调投融资运作、制定投融资操作规程等。县财政局负责高山生态扶贫搬迁资金拨付、支付、监管，每年配套落实 500 万元用于高山生态扶贫搬迁，配合做好高山生态扶贫搬迁相关工作。县国土房管局负责落实搬迁安置用地，加强搬迁农户地票复垦项目备案质押融资的支持、指导和监督。县城乡建委负责加强对搬迁建房工程设计和质量监督的指导。县农委负责高山生态扶贫搬迁后续产业发展，配合做好高山生态扶贫搬迁相关工作。县林业局负责将符合条件的高山生态扶贫搬迁农户承包地优先纳入退耕还林计划，将迁出区生态恢复纳入天然林保护等生态建设工程。县扶贫办负责搬迁建卡贫困户的精准识别，督促指导乡镇做好建卡贫困户搬迁工作，配合做好高山生态扶贫搬迁相关工作。县城乡发展（集团）公司负责承接落实专项基金、地方政府债券、长期贷款等融资资金，做好统承统贷统还工作，建立高效、便捷、合规、无碍的投融资流程，加强投融资资金的使用管理等。交通、民政、水利、环保、人力社保、公安、教育、文化、广电、电力、通信等部门要各司其职，积极帮助安置区配套完善基础设施和公共服务设施，促进产业发展，妥善解决搬迁群众户口迁移、教育、社保、困难救助、劳动就业等问题。审计、财政和有关主管部门要加强对高山生态扶贫搬迁专项资金使用情况的审计和监管。

（2）强化管理。完善高山生态扶贫搬迁项目相关管理办法，相关部门要强化项目的实施监管，妥善解决搬迁中的具体问题，确保社会稳定。高山生态扶贫搬迁工作坚持"六统一"：统一规划、统一标准、统一检查、统一验收、统一资金、统一考核。建立健全高山生态扶贫搬迁公示监督制度。利用政务公开、村务公开等形式，将高山生态扶贫搬迁政策、投资及补助资金构成、拟安置地基本情况、搬迁工程建设、搬迁对象条件、搬迁资金使用等相关内容进行公告公示，确保程序公正、公开、透明，使搬迁政策人人明白，切实保障群众的知情权、参与权、选择权和监督权。

（3）严格考核。分解落实高山生态扶贫搬迁目标任务，将高山生态扶贫搬迁目标任务纳入县委、县政府年度综合目标考核。同时将任务完成情况与下年度指标安排挂钩，对实施较好的乡镇在项目和资金安排上给予倾斜，实施较差的乡镇在项目和资金安排上予以核减。凡纳入 2012 年 12 月 31 日前搬迁计划的生态扶贫移民，参照《武隆县人民政府办公室关于加快实施生态和扶贫移民工作的通知》（武隆府办发〔2008〕125 号）执行；凡纳入 2013 年 1 月 1 日至 2015 年 12 月 31 日的高山生态扶贫搬迁，参照《武隆县人民政府关于加快推进高山生态扶贫搬迁工作的意见》（武隆府发〔2013〕33 号）执行。

三 松树村生态扶贫模式

松树村根据市区两级政府的要求，在生态扶贫搬迁过程中，主要集中开展了以下四方面的工作。

首先，资金补助政策。统一易地搬迁、生态搬迁、专项扶贫搬迁和农村 D 级危房改造补助标准，按每人 8000元下达补助计划。补助分为搬迁农户安置房和基础设施建设补助。搬迁农户安置房补助标准是：集中安置点每人补助 6000 元；分散安置（含区内整户转户进城）每人补助5000 元；整户转户至区外：每人补助 7000 元。另外，武隆区统筹资金鼓励建卡贫困户、低保户进行高山生态扶贫搬迁，除享受上述安置房补助政策外，另给予搬迁安置房补助。补助标准是：集中安置点每人补助 4000 元；分散安置每人补助 3000 元；整户转户进城或整户转户外县安置每人补助 2000 元。

其次，土地房屋政策。一是搬迁户原宅基地应退出复垦。搬迁腾退的原宅基地及其附属设施用地优先纳入农村建设用地复垦，扣除新增建设用地面积后，节约指标作为地票交易或增减挂钩建设用地指标。二是高山生态扶贫搬迁集中安置点必须符合城乡总体规划、土地利用总体规划。集中安置点建设用地的审批按照要求办理，由区政府指定的项目业主实行统规统建，严禁享受宅基地复垦地票价款补偿政策的农户擅自建房。三是坚持集约节约用地，新建住房尽量占用存量建设用地或低丘缓坡地和荒地，安置房建设人均占地面积按照现行农村建房审批标准不超过 30 平方米。四是引导搬迁对象利用拟复垦的住宅及附属设施与农民工户籍制度改革退出土地中不能复垦的"夹心房"、连体房进行置换，或与区位条件较好、正在申报复垦、质量较好的农房进行置换。五是搬迁对象原有承包地、林地使用权不变，鼓励其自愿流转或用于参股专业合作组织。六是探索将搬迁户宅基地及附属设施用地复垦后形成的地票交易收益中迁出地集体经济组织所得的部分收益划拨给安置地集体经济组织，作为资源占用补偿，用于改善安置地生产生活条件和农村基础设施。对在城区自行购买建筑面积低于 120 平方米的首套住房搬迁户，凭所在街道镇乡及国土部门的身份认定证明、宅基地退出复垦证明和购房手续免交房屋交易契税。

再次，后续发展政策。坚持以稳得住、能致富为高山生态扶贫搬迁工作的着力点，以培育后续产业、促进群众就业为巩固搬迁成果的主攻方向，切实加大后续发展扶持力度。一是完善配套基础设施。各街道镇乡要根据安置县规划，围绕实现集中安置县生活设施、生产设施、公共服务等配套基础设施全覆盖目标，系统策划项目并在实施方案中一并报审。二是加大搬迁后产业发展扶持力度。实现每户搬迁户有 1~2 项相对稳定的增收项目。多渠道落实搬迁户必要的"菜园地"。三是加强就业创业扶持。鼓励建设项目优先聘用本地搬迁群众务工，本地企业优先吸纳移民就业。支持移民自主创业，通过税收优惠、贷款贴息等方式加大对搬迁农户自主创业的扶持力度。

最后，社会保障政策。搬迁对象享有与迁入地原居民同等政治经济待遇。有序推进农业转移人口市民化，鼓励进城务工有稳定收入来源的高山生态扶贫搬迁对象举家转户进城、进集镇安置，搬迁对象除享受高山生态扶贫搬迁补助政策外，还享受农民工户籍制度改革政策赋予的社会保障、公租房配租、职业教育与就业培训、子女入学、中职就学免费等相关待遇。农村"五保"对象享受民政集中安置和供养政策。

四 松树村生态扶贫效果

2014 年以来，松树村高度关注生态扶贫搬迁工作，按照区委、镇相关规定及松树村的实际情况，三年来，共有 102 户完成了高山生态扶贫搬迁工作。其中，2014 年完成 64 户，2015 年 30 户，2016 年 8 户。

高山生态扶贫搬迁通过人口下山进城或者外迁转移，使不宜居住地区的贫困户生活得到了明显改善，有效降低了高山地区的人口容量，实现了发展经济与保护生态的良性互动，破解了脱贫致富与生态保护的两难困境。对于松树村移民而言，搬迁赋予其新的资源禀赋，使其从低附加值农产品生产中解放出来，通过农业发展方式的升级改造和二、三产业的快速发展，提高劳动生产效率，实现其收入水平的快速提升。人口容量的下降也在一定程度上缓解了人地冲突导致的生态压力，使高山地区提供生态公共产品和特色效益产品的能力得以增强，又进一步增加了当地居民和生态移民的收入。

第二节　产业扶贫模式

一　产业扶贫的内涵

产业扶贫是铲除穷根的根本之策，2016 年 4 月 24 日，习近平总书记在安徽金寨考察时，对产业扶贫提出了新要求，他指出："要脱贫也要致富，产业扶贫至关重要，产业要适应发展需要，因地制宜、创新完善。"

扶贫产业因地制宜，才能具备独特的竞争优势，才能驾顺风车、行顺水舟，才能事半功倍。亚当·斯密在《国富论》中提出比较优势，从某种意义上讲，因地制宜就是充分发挥本地区的比较优势。习近平同志在《摆脱贫困》一书中指出，产业政策的制定应着眼于不同区域的优势，"云生从龙，风生从虎"，我们要确定不同区域的产业结构调整的重点，寻找突破口，使资源的差异性和产业结构的差异性相吻合。

"产业扶贫"是一个极具中国特色的专业术语，其提出的背景是国家进入 21 世纪以来把开发扶贫作为反贫困工作的重要抓手，并且投入了越来越多的资源，这一时期反贫困计划的资金主要用于发展投资和产业，因此开发式扶贫常常也被称为"产业扶贫"。这一概念的提出，也实现了国家扶贫政策从"输血"到"造血"的变迁。[①] 产业扶贫只有因地制宜，才能"对症下药、精准滴灌、靶向治疗"，才能以有效的投入获得最大的产出，才能实现可持续发展，才能彻底实现脱贫，走向富裕。

二 武隆区产业扶贫模式

武隆区扶贫开发办公室于 2015 年印发了《扶贫产业项目管理细则》，具体包括以下几方面。

（一）项目申报、实施、验收及资金拨付流程

第一步，项目储备。县扶贫办发储备项目报送通知文件，通过互联网（主要包括党政网、武隆政府门户网、武隆扶贫爱心网，下同）向乡镇、社会公开。乡镇、农业企业、农民专业合作组织根据文件要求，广泛征求群众意见，编制、报送储备项目。县扶贫办收集、汇总，同时报市扶贫办备案。

第二步，项目申报。县扶贫办按市扶贫办专项资金计划，（会同县财政部门）发申报通知文件，通过党政网向乡镇和贫困村公开，通过武隆区政府门户网、武隆扶贫爱心网向社会公开。乡镇、贫困村根据文件要求确定产业类

---

① 王春萍、郑烨:《21 世纪以来中国产业扶贫研究脉络与主题谱系》,《中国人口·资源与环境》2017 年第 6 期。

别（要求征求群众意见，让贫困农户广泛参与项目决策），农业企业、农民专业合作组织配合乡镇参与申报和实施，坚持按市场规律办事的原则，做到"谁发展，谁回收产品"，达到让贫困农户增加收入的扶贫效果。农业企业、农民专业合作组织的申报材料须经乡镇同意盖章后方能报送。

第三步，项目评审。县扶贫办收集、整理后，会同县财政部门组织县农委、县畜牧兽医局等产业部门的专家（或专业技术人员）组成评审小组，对申报的项目进行评审，并按规定将拟扶持项目在互联网上进行公示。评审后进行两次公示，第一次由县扶贫办对评审入围的项目进行初步公示（公示内容包括项目名称、实施单位、实施地点、建设内容，不含建设规模和财政资金额度）；第二次是在第一次公示无异议后，由扶贫办党组研究确定每个项目安排的资金计划，然后实施单位根据评审意见和财政资金额度调整建设规模，对申报材料进行修订、完善，再次报送，然后由县扶贫办进行二次公示（公示内容包括项目名称、实施单位、实施地点、财政资金计划额度、建设内容及规模、财政资金支持环节、预期效益），以便于在实施过程中接受社会监督。

第四步，计划下达。县扶贫办，会同县财政局，根据公示结果，下达项目资金计划。资金计划文件下达后10个工作日内，在项目实施前，项目实施主体与县扶贫办签订项目合同书，合同书一式三份，县扶贫办、项目实施主体各存一份，项目地乡镇备案一份。

第五步，项目实施。项目实施主体根据下达的计划任务，按量、按质、按期组织项目实施，不得擅自改变项目实施方案确定的建设区域、建设质量、建设进度、建设内容及建设规模等。发放给农户种苗、种畜禽、肥料等生产资料须有发放花名册；花名册上要有农户签字按手印，同时留有农户的联系电话。实施过程中，可以邀请项目村义务监督员到场监督，注意收集整理好档案资料。做好项目财务专账；严格按照财政扶贫资金管理办法建立专账，所有支出账目必须与支持使用环节相符；严禁大额现金往来，所有支出原则上应当通过银行转账，凡金额在5000元以上的大额支出必须通过银行转账支付；财务资料必须具有正式发票及相关佐证依据材料，严禁白条入账。项目完成后，及时申请县级验收。

第六步，项目验收。县扶贫办根据项目实施主体的验收申请，原则上委托第三方中介服务机构进行验收。项目验收包括三个方面的内容：项目计划任务完成情况的现场验收，项目档案资料是否收集整理完善，项目财务资料是否规范。

第七步，补助兑现。按照"先建后补"的原则，县扶贫办对验收合格的项目兑现补助资金。补助资金拨付流程为：①对通过验收的项目，由项目实施单位通过县扶贫办向县财政提出书面拨款申请，经县扶贫办、县财政两方审核同意后，由县财政将补助资金划拨到县扶贫办；②由项目实施单位向县扶贫办提出书面拨款申请，经县扶贫办审核同意后，将县财政划拨到位的补助资金兑现给项目实施单位。

（二）项目实施区域及受益对象

产业扶贫项目坚持精准扶贫原则，即瞄准贫困片区、贫困村和贫困户。

实施项目的贫困村，对有意愿参与项目实施的建卡贫困户实现项目全覆盖，采用多种形式让贫困农户受助受惠。每个项目，要求财政扶贫资金的 70% 应用于农户；同时，按照精准扶贫的要求，在参与实施的农户中，贫困户的比例必须在 20% 以上。对参与实施的农户（含贫困农户），每户通过实施项目增收 3000~5000 元。

（三）财政资金支持环节及补助标准

财政扶贫资金主要用于支持蔬菜类项目的种子、种苗和肥料，果树类项目的种苗，畜牧类项目的种畜禽引进。

由农业企业、农民专业合作组织实施的产业扶贫项目，其财政补助资金的 30%，可以用于产业配套基础设施建设。

按照产业扶贫精准到户试行办法的规定，建卡贫困户单户享受补助资金额度原则上不得高于 1500 元，一般农户参照执行。

项目建设中需要引进的种子、种苗、种畜禽，补助标准参考县扶贫办发布的综合指导价，如当期市场价格有重大变化，县扶贫办与行业主管部门可会商调整。

三　松树村产业扶贫效果

　　根据武隆区扶贫开发办公室《关于调整贫困户产业精准到户扶持资金计划的通知》（武隆扶贫办发〔2016〕66号）文件精神，结合松树村自查验收情况，2015 年，松树村 42 户建档立卡贫困户共得到财政产业补助资金 63000元。涉及项目包括畜牧养殖、水果、粮食作物等。项目落实中，养生猪 111 头，土鸡 370 只，山羊 6 只，鸭 20只；此外，种植水果 9.5 亩，包括李子、枇杷、西瓜等作物；粮食作物（主要是玉米）7.3 亩。松树村在产业扶贫中，通过开展多次实用技术培训，解决了贫困户的技术难题，帮助贫困户实现了稳定脱贫，真正实现了"产业扶持到户、资金帮扶到人"，达到了预期的脱贫目的。

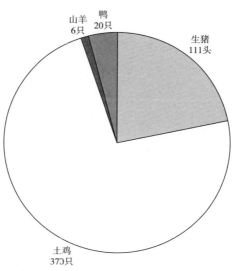

图 4-1　2015 年松树村贫困户产业精准到户扶持项目及成果

第五章

巩固精准扶贫精准脱贫成效

尽管松树村实现了精准脱贫的目标，但对如何巩固脱贫成效，各基层政府还都在进行探索，至今没有形成有效的途径及措施。针对松树村在精准扶贫精准脱贫中存在的问题，结合松树村的实际情况，走出一条巩固精准脱贫成效的路子。

第一节　松树村精准扶贫精准脱贫工作存在的问题

　　综观松树村精准扶贫精准脱贫实践，发现该村实施精准扶贫精准脱贫方略进程中还存在着如下几个方面的问题。

一　产业发展有初步思路但缺乏规划

凡事预则立，不预则废。制定科学合理的发展规划，对于区域发展具有重要的推动作用。与其他偏远村庄相比，松树村的交通优势非常明显。特别是，在重庆到武隆高速公路土坎互交出口建成后，松树村的交通优势更加明显。正是在此背景下，松树村初步形成了产业发展的思路，即大力发展乡村旅游产业，鼓励越来越多的农村居民，特别是贫困群体参与其中。虽然农贸市场的建立，为未来产业发展提供了场地，但目前还没有形成产业发展规划。

二　村庄道路建设还不完善

在实施精准扶贫精准脱贫方略过程中，基础设施建设取得了显著的成效，特别是路、水、电等，也是农民满意度最高的方面。但由于松树村居民分散，有的村组分布在深山之中，目前道路还没有完全硬化。同时，乡村道路主体工程完成之后，附属设施建设，特别是安全设施没有跟上，目前依然严重缺失。

三　农村集体经济依然薄弱

明确农村集体经济组织的民事主体地位，是农村集体经济组织立法应当首要解决的问题，是顺利推进农村集体经济组织产权制度改革的制度基础，是切实保护广大农民合法权益的重要保障。[①] 与全国广大农村一样，松树村集体经济依然薄弱，每年都没有稳定的收入，极大地限制农村各项工作的开展。正是集体经济的缺失，严重影响了党在基层的领导地位，进而影响了农村社会的和谐。围绕农村集体经济的发展，无论是第一书记、驻村干部，还是村两委班子成员一直都在探索，但到目前为止，依然没有一个有效的发展思路，更没有切实可行的产业选择方向。

同时，由于松树村地处山区，缺乏适宜的种植机械，在一定程度上影响了该村的机械化程度。发展农村集体经济，需要大量劳动力投入，特别是种植业方面。由于人工成本的增加，一般的产业收入难以支付工资，也限制了农村集体经济的发展。

四　贫困人口在自身发展中顾虑较多

通过与松树村村民代表的座谈交流发现，广大农村居民特别是贫困群体在提高自身能力，通过发展产业增加经济收入方面，还存在着较多顾虑，主要表现在如下几个方面。

首先，在种植业、养殖业、旅游业等产业发展方面，对于缺少劳动力的家庭，一方面是没有经济能力发展养殖业，只能靠种地糊口，满足家庭的需要；另一方面有的家

① 肖鹏、葛黎腾:《农村集体经济组织的民事主体地位辨析》,《农村经济》2017年第4期。

庭由于承包土地政策的约束,人口多、土地少,难以通过土地实现温饱。更多的情况是,由于家庭老人年龄越来越大,加之孩子就学问题,家庭劳动力无法外出务工,只能依靠少量的土地维持家庭生计。

其次,在承包土地征用方面,大家普遍认为,农民只有承包权、经营权,而所有权属于集体,但在高速公路等国家重大基础设施占用土地的时候,则有补偿给予失地的农民,从法理上是讲不通的。

最后,产业发展中还存在产品销路问题,大家认为即使把产业发展起来,但由于难以销售出去,还是达不到增加收入的目的。为此,村民普遍认为外出打工是增加家庭收入的有效途径。

五 精准扶贫忽视了一些重要问题

调研发现,尽管松树村成立了相应的农村经济合作组织,但并没有涵盖产业发展的众多领域,其作用没有充分发挥出来,在一定程度上影响了全村产业的发展。

其一,土地流转不足,影响了产业发展规模。事实证明,小规模的农产品生产,即使质量再好,也难以在市场上实现高价。但松树村目前土地流转还没有达到一定规模,规模化发展只能成为一句空话。

其二,土地适宜性分析不足。调研发现,松树村居民普遍认为,依靠土地种植粮食作物,只能维持家庭的温饱,要提高土地的生产率,必须调整种植结构。但并不清楚土地的适宜性，即不知道究竟适宜种植什么。期盼着村经济合作组织或村两委与区农业技术部门、重庆市高等院校、科研机构的专家学者联系，通过农业技术人员对土地土壤进行检测，分析土地的适宜性，为下一步调整种植结构提供科学依据。

其三，基础设施管护缺乏组织与资金。在精准扶贫过程中，道路、饮水等基础设施建设，极大地改善了农村生产生活条件，但也增加了村级经济负担。其原因在于：从国家层面来讲，无论是精准扶贫，还是其他项目，对基础设施建设的财政投资仅仅局限于硬件，对设施建成之后的管护并没有明确的规定，其结果是建成的基础设施难以发挥预期的效果。特别是在像松树村这样的集体经济"薄弱村"，自身难以承担基础设施的管护费用，更没有专门的组织负责基础设施的管护。

其四，技术培训缺失。调查发现，一些农户想通过种植果树，提高土地生产率，但苦于缺乏相应的生产管理技术。由于松树村在果树种植方面没有传统，也没有一定的规模，就没有邀请区、镇农业技术人员进行专门的果树种植技术培训。

其五，户籍与土地之间的关系没有理顺。国家层面的政策要求土地承包关系永久不变，特别是对承包土地进行确权登记之后，户籍与土地之间的关系永远胶着在一起。在此背景下，松树村存在这样的现象：一是有的村民已经转为城镇人口，但目前还拥有土地；二是有的女青年结婚之后，现实中人已经到外地的，也依然拥有土地。

其六，一些基层部门人为设置门槛。调研发现，在高山生态移民搬迁过程中，需要对房屋等级进行评价，在此基础上进行无息贷款。基层信贷部门，特别是乡镇信用社人为设置门槛。有的农村居民已经 69 岁高龄了，到信用社贷款时，还要提供结婚证。

此外，松树村居民还普遍担心退耕还林地的保护问题，国家应该出台相应的政策措施，明确在退耕期满后如何处置林木问题。过去退耕的已经成林了，如果砍伐，又面临成为荒地的风险。

第二节　进一步巩固精准扶贫精准脱贫成效的建议

目前，松树村已经完成了精准脱贫的目标，进入了精准脱贫验收的关键期。但精准脱贫仅仅是建成小康社会的前提，要进一步巩固精准脱贫成效，确保到 2020 年与全国人民一道全面建成小康社会。为此，需要采取有效措施，进一步巩固精准扶贫精准脱贫的有效成果，为此，提出如下建议。

一　探索产业发展新业态，加快产业发展步伐

在精准扶贫精准脱贫进程中，产业始终是一种最有效的方式与途径，更是巩固精准脱贫成效的首要选择。

一是松树村地理区位优势明显，特别是在重庆到武隆高速公路土坎互通立交建成之后，交通优势将进一步凸显；二是松树村周边分布着多处景点。松树村紧靠仙女山、白马山等旅游景区，可以借此成为一个旅游的节点；三是宏观背景下，生态消费日益成为未来消费的重点领域，为松树村未来产业的发展提供了机遇。

基于上述考虑，松树村应立足于自身优美的自然生态资源优势，探索发展乡村生态旅游等产业新业态，并依此带动农家乐、农特产品市场的发展，为更多的农户提供参与产业发展的平台，从根本上巩固精准扶贫精准脱贫成效。

为此，建议尽快制定《松树村产业发展新业态规划》，对松树村未来5~10年的产业发展进行谋划，并提出具体的实施办法，以及各级政府的政策保障。

二 进一步完善村内道路建设，提升道路安全水平

在精准扶贫进程中，村内道路建设极大地改善了出行条件，也为农村产业发展等奠定了基础。但从目前情况来看，还有部分农户因为居住较远，没有享受到道路建设带来的便利。因此，还需要进一步加强道路建设。

调研发现，村内道路建设之后，其安全设施方面依然空白，这直接影响了村民的出行安全。这些设施主要包括标志、标牌、警示桩、防撞护栏、警示灯、减速带、里程碑等。过去由于是砂石路，村民出行可能很小心，机动车

速度也较慢，现在道路硬化之后，机动车速度可能更快，由此带来安全风险。因此，有必要采取有效措施，逐步完善农村道路安全设施。

三　强化生态环境建设，实现绿水青山

习近平总书记指出："良好生态环境是最公平的公共产品，是最普惠的民生福祉。"众所周知，山区一方面是贫困的聚集区，另一方面也是生态富集区，山区是大自然留下的"宝贝"，而不是精准扶贫的包袱。松树村地处山区，应认识到其丰富且优质的生态资源的绝对优势，不但可以提供清洁的水源和空气，而且是未来发展有机农业、生态农业、乡村生态旅游等生态产业的基础。

基于上述认识，松树村应以绿色理念为导向，以强化生态环境建设、提升周边生态系统服务能力为重点，打造绿水青山。一方面保证了全村居民的生态福祉，另一方面为未来发展乡村生态旅游，巩固精准扶贫效果提供资源基础。松树村要实现"绿水青山就是金山银山"的美好前景，需要加强生态环境建设。

四　做强做大农村集体经济，夯实党在基层的领导地位

习近平总书记强调指出："小康不小康，关键看老乡。"这表明全面小康的难点、重点、希望都在农村，特别是贫困地区的广大农村。农村集体经济的弱化，在一定程度上

影响了党在基层的领导地位，弱化了党与人民群众的关系，削弱了基层党组织服务于广大人民群众的能力。特别是在精准扶贫精准脱贫背景下，大力发展农村集体经济具有更重大的现实意义。

对松树村而言，建议立足于已建成的农贸市场，加快土地流转步伐，扩大流转规模，切实调整农业种植结构，为旅游者提供丰富而优质的农特产品。同时，根据发展乡村生态旅游的需要，松树村应充分发挥本土人才优势，挖掘、培养本村的优秀人才，同时，提升村级领导集体的能力，解决发展农村集体经济的人才难题。

此外，在初步实现了精准脱贫目标的基础上，要发展农村集体经济，需要建立农村集体经济发展机制。为此，采取有效措施，将农民手中的土地整合起来，作为农村集体经济发展的基础。同时，为本村具有劳动力的家庭提供就业机会，从而使之获得股金分红与工资性收入，切实增加农民收入，有效巩固精准脱贫成效。

五　加强贫困人口能力建设，提升自我发展水平

对松树村而言，广大居民普遍认为，外出务工是增加家庭收入、实现脱贫目标的最直接、最有效的途径。但随着父辈年龄的增长，受传统观念的影响，外出劳动力逐渐返回，以照顾老人为主，空闲时在周边做些零工。更多的农民则怀有等靠要的思维，依靠国家各级政府的帮扶实现脱贫。这种脱贫不具有可持续性，短期内可以实现精

准脱贫的目标，一旦没有外部资金的投入，这些家庭很快返贫。这部分群体的一个突出表现，就是想做点事情，只是抱怨缺资金、缺技术等，而不主动寻找突破的途径。要解决这个问题，最有效的途径就是加强贫困人口的能力建设，提高他们从事产业发展的技术能力、管理能力。首先在观念上应该有所转变，外界的助力仅仅是一时的帮助，要实现长久脱贫，必须提升贫困群体的自我发展能力。

参考文献

朱梦冰、李实:《精准扶贫重在精准识别贫困人口——农村低保政策的瞄准效果分析》,《中国社会科学》2017 年第 9 期。

刘戈新:《重庆深入推进高山生态扶贫搬迁》,《中国扶贫》2015 年第 8 期。

王春萍、郑烨:《21 世纪以来中国产业扶贫研究脉络与主题谱系》,《中国人口·资源与环境》2017 年第 6 期。

肖鹏、葛黎腾:《农村集体经济组织的民事主体地位辨析》,《农村经济》2017 年第 4 期。

汤玉梅、何志勇:《文化强国视野下乌江流域农民精神文化生活的调查与思考——以重庆市武隆县浩口乡为个案》,《重庆理工大学学报》(社会科学)2013 年第 4 期。

王宾、于法稳:《基于绿色发展理念的山区精准扶贫路径选择——来自重庆市的调查》,《农村经济》2017 年第 10 期。

汪磊、伍国勇:《精准扶贫视域下我国农村地区贫困人口识别机制研究》,《农村经济》2016 年第 7 期。

汪三贵、刘末:《以精准扶贫实现精准脱贫:中国农村反贫困的新思路》,《华南师范大学学报》(社会科学版)2016 年第 10 期。

陈希勇：《山区产业精准扶贫的困境与对策——来自四川省平武县的调查》，《农村经济》2016年第5期。

何得桂、党国英：《西部山区易地扶贫搬迁政策执行偏差研究——基于陕南的实地调查》，《国家行政学院学报》2016年第1期。

许汉泽、李小云：《精准扶贫视角下扶贫项目的运作困境及其解释——以华北W县的竞争性项目为例》，《中国农业大学学报》（社会科学版）2016年第6期。

李瑞华、潘斌、韩庆龄：《实现精准扶贫必须完善贫困县退出机制》，《宏观经济管理》2016年第2期。

辜胜阻等：《推进"十三五"脱贫攻坚的对策思考》，《财政研究》2016年第2期。

檀学文、李静：《习近平精准扶贫思想的实践深化研究》，《中国农村经济》2017年第9期。

黄承伟：《习近平扶贫思想体系及其丰富内涵》，《中南民族大学学报》（人文社会科学版）2016年第11期。

胡联、汪三贵：《我国建档立卡面临精英俘获的挑战吗？》，《管理世界》2017年第1期。

万君、张琦：《区域发展视角下我国连片特困地区精准扶贫及脱贫的思考》，《中国农业大学学报》（社会科学版）2016年第11期。

凌文豪、刘欣：《中国特色扶贫开发的理念、实践及其世界意义》，《社会主义研究》2016年第8期。

后 记

　　作为"精准扶贫精准脱贫百村调研"国情调研特大项目之一的重庆市武隆区土坎镇松树村的调研活动已基本告一段落。回顾本次调研，课题组真切感受到扶贫工作对于改善农民现状的重要性，感受到了扶贫政策对于改善生产生活条件所发挥的巨大作用。课题组成员被松树村精准扶贫精准脱贫工作所取得的成绩震撼，对扎根基层的扶贫工作者兢兢业业的工作作风所感动。松树村朴实而勤劳的农民朋友生长在这片热土之上，热爱这片养育他们的土地，立志改变现状，渴望幸福美满的新生活。

　　本次调研得到了重庆市武隆区、土坎镇、松树村的大力支持与配合。感谢武隆区区委书记何平，区扶贫办沈江涛主任、陈建林副主任、张元春副主任和彭著波副主任对本次调研活动给予的高度关注，并提供便利条件，使每次调研活动均顺利完成。特别感谢土坎镇邓伟书记、史禄科镇长、潘攀副书记、黄垒副镇长，扶贫办李小红主任、余阳、傅秀娟；松树村刘开国书记，第一书记黄波，贺友贵村主任，综治专干传国琴、傅加福，他们给予调研极大的帮助，每次均陪同调研，让课题组成员印象深刻。可以说，没有他们的鼎力支持，本次调研效果将大打折扣，为他们的敬业精神点赞！

同时，感谢重庆社会科学院文丰安研究员、丁忠兵研究员，重庆工商大学朱莉芬教授，西南大学博士生张梓榆、刘达，重庆工商大学本科生陈红飞在本次农户问卷调研环节给予的大力帮助，他们牺牲宝贵的时间，风餐露宿，抗严寒，克困难，保障调研顺利开展，为他们的奉献精神点赞！

另外，要重重感谢松树村村民，特别是 60 户被访农户，他们给予了课题组第一手的资料，让课题组真正了解到扶贫工作现状，让课题组真切感受到他们脱贫的渴望，为他们的配合精神点赞！

扶贫工作向来是一项持久的系统性工程，松树村已经实现了脱贫摘帽，在精准扶贫精准脱贫工作中取得了显著成效，也在一定程度上改善了村容村貌，提高了村民的生活水平，但是，巩固脱贫成果，保持脱贫成效，始终是摆在扶贫工作者面前沉重而又迫切的问题，扶贫工作永远在路上！

课题组

2017 年 6 月 18 日

图书在版编目(CIP)数据

　　精准扶贫精准脱贫百村调研. 松树村卷：喀斯特高
原丘陵区精准脱贫之路 / 于法稳, 王宾, 聂弯著. -- 北
京：社会科学文献出版社, 2020.6
　　ISBN 978-7-5201-5211-2

　　Ⅰ. ①精…　Ⅱ. ①于…②王…③聂…　Ⅲ. ①农村-
扶贫-调查报告-重庆　Ⅳ. ①F323.8

　　中国版本图书馆CIP数据核字（2019）第150398号

·精准扶贫精准脱贫百村调研丛书·
精准扶贫精准脱贫百村调研·松树村卷
　　——喀斯特高原丘陵区精准脱贫之路

著　　者 / 于法稳　王　宾　聂　弯

出 版 人 / 谢寿光
组稿编辑 / 邓泳红　陈　颖
责任编辑 / 宋　静　吴云苓

出　　版 / 社会科学文献出版社·皮书出版分社（010）59367127
　　　　　　地址：北京市北三环中路甲29号院华龙大厦　邮编：100029
　　　　　　网址：www.ssap.com.cn
发　　行 / 市场营销中心（010）59367081　59367083
印　　装 / 三河市尚艺印装有限公司

规　　格 / 开　本：787mm×1092mm 1/16
　　　　　　印　张：9.25　字　数：88千字
版　　次 / 2020年6月第1版　2020年6月第1次印刷
书　　号 / ISBN 978-7-5201-5211-2
定　　价 / 59.00元